ANJA GIERSBERG

ZUCKERFREI BACKEN

IMPRESSUM

ZUCKERFREI BACKEN

2. Auflage

Konzeption und Rezepte: Anja Giersberg
Herausgeber: KoRo Handels GmbH
Rezeptfotos, Titelfoto, „Löffel"-Fotos
S. 10–13 und Foodstyling: Christoph Wieboldt
Fotos S. 4–5, S. 09–18, S. 162–165: shutterstock.com
Fotos S. 6, S. 168: Die Hoffotografen GmbH,
Emely Timm
Foto S. 167: Annika Krüger
Konditorin: Carina Dransfeld
Art Direktion, Gestaltung & Layout, Satz:
Denise Smyczynski
Redaktion: Jan Rein, Hannah Born
Lektorat: Lara Lohrengel
Druck und Bindung: Abihome GmbH,
www.abihome.de

Gedruckt in Deutschland
ISBN 978-3-949699-03-0

@koro_de
@zuckerfrei_naschen
korodrogerie.de
anjagiersberg.de

KoRo

INHALT

ZUR AUTORIN

VORWORT

HIER BIN ICH, ANJA, KONDITORMEISTERIN AUS LEIDENSCHAFT!

Gesunde Ernährung spielt in meinem Leben eine große Rolle. Nach meiner Ausbildung zur Konditorin habe ich verschiedene Stationen der gehobenen Gastronomie und französischen Pâtisserie durchlaufen. Ich liebe meinen Beruf, vor allem die Farben, den Geruch der Gebäcke und die damit verbundene Kreativität.

Ein gesundheitlicher Einschnitt in meinem Leben hat mich damals dazu gebracht, meine Ernährung von heute auf morgen umzustellen. Von dem Zeitpunkt an war Zucker für mich tabu. Das war keine einfache Umstellung, denn Süßigkeiten, Desserts und Torten waren damals mein Leben und meine größte Passion.

Fortan habe ich mich mit dem Thema zuckerfreie Ernährung auseinandergesetzt und viel in der eigenen Küche ausprobiert, denn auf das Naschen wollte ich damals wie heute nicht verzichten. Und wie sich herausgestellt hat, musste ich das auch nicht! In diesem Buch zeige ich dir Alternativen auf, mit denen du ohne Reue genussvoll naschen kannst. Denn zuckerfrei zu backen heißt nicht, zu verzichten, ganz im Gegenteil: Es bietet dir ein Höchstmaß an kulinarischem Genuss!

Das Bewusstsein für das Thema Zucker wächst in unserer Gesellschaft. Eine gesunde Ernährung ist für deinen Körper, Geist und Wohlgefühl ein Leben lang von großer Bedeutung.

In dem Sinne wünsche ich dir viel Freude beim Nachbacken und Naschen der Köstlichkeiten in diesem Buch.

Deine Anja

WAS BEDEUTET

„ZUCKERFREI"?

Wir werden jeden Tag beeinflusst, sei es bei Familie und Freunden, im Supermarkt oder durch die Medien. Doch was bedeutet denn „zuckerfrei" in Bezug auf unseren Lebensstil und unserer Ernährungsweise? Das Wort „zuckerfrei" hat in unserem alltäglichen Sprachgebrauch verschiedene Interpretationsmöglichkeiten.

IM RAHMEN DER HCV GIBT UNS DER GESETZGEBER FOLGENDE ERKLÄRUNG:

ZUCKERFREI

Ein Produkt darf sich zuckerfrei nennen, wenn nicht mehr als 0,5 g Zucker pro 100 g enthalten sind.

ZUCKERARM

Ein Produkt darf sich zuckerarm nennen, wenn nicht mehr als 5 g Zucker pro 100 g enthalten sind. Bei Getränken beläuft es sich auf nicht mehr als 2,5 g Zucker pro 100 ml.

ZUCKERREDUZIERT

In zuckerreduzierten Produkten muss 30 % weniger Zucker enthalten sein als in vergleichbaren Produkten.

OHNE ZUCKERZUSATZ

Diesen Produkten darf kein zusätzlicher Zucker zugefügt werden. Dazu zählen sowohl Saccharose als auch Milchzucker oder Fruchtzucker. Aber Achtung: Es gibt auch Produkte, die von Natur aus sehr viel Fruchtzucker enthalten können, z. B. Fruchtsäfte.

WIE WIRD DAS WORT „ZUCKERFREI" GRÖSSTENTEILS IN UNSEREM ALLTÄGLICHEN SPRACHGEBRAUCH INTERPRETIERT?

Die meisten Menschen meinen, wenn sie sagen, dass sie zuckerfrei leben, dass sie lediglich auf raffinierten Zucker verzichten und natürlich vorkommenden Zucker in Maßen konsumieren. Natürlicher Zucker kann beispielweise der Fruchtzucker in einer Banane oder der Milchzucker in einem Joghurt sein.

Genauso wird es auch mit den Rezepten in diesem Buch gehandhabt. Es werden Lebensmittel verwendet, welche von Natur aus Zucker enthalten aber keine, denen Zucker zugesetzt wurde.

ZUCKERALTERNATIVEN

Die Auswahl an Zuckeralternativen ist enorm und manchmal ist es daher auch nicht einfach, die für sich richtige Wahl zu treffen. Die alternativen Süßungsmittel unterscheiden sich unter anderem in:

- Herstellung
- Süßkraft
- Backeigenschaften
- Verstoffwechselung
- Zuckergehalt

ZUCKERAUSTAUSCHSTOFFE

Als Zuckeraustauschstoffe werden Zuckeralkohole bezeichnet, wie zum Beispiel Erythrit, Xylit, Maltit und Sorbit. Der Kaloriengehalt der Zuckeraustauschstoffe ist geringer als der von raffiniertem Zucker. Sie werden von unserem Körper nicht oder nur teilweise verstoffwechselt.

Bei Zuckeralkoholen handelt es sich allerdings nicht um den Alkohol (Etyhlalkohol), der zum Beispiel in alkoholischen Getränken enthalten ist. Mehrwertige Alkohole werden chemisch als Zuckeralkohole bezeichnet.

Erythrit und Xylit werden aus natürlichen Rohstoffen gewonnen und kommen von Natur aus in vielen Obst-und Gemüsesorten vor.

ERYTHRIT

- Wird mittels Fermentation aus Traubenzucker hergestellt, der aus der Stärke von Mais und Weizen gewonnen wird.
- Der glykämische Index von Erythrit beträgt 0.
- Verstoffwechselt sich insulinunabhängig.
- Verstoffwechselt sich bereits im Dünndarm: 90 % werden vom Dünndarm an die Nieren abgegeben und unverändert ausgeschieden. Die restlichen 10 % verstoffwechselt unser Körper wie Ballaststoffe.
- Hat 0 Kalorien.
- Die Süßkraft im Vergleich zu Saccharose beträgt 70 %.
- Ist geeignet bei Fruktoseintoleranz und nicht geeignet bei Histaminintoleranz.
- Enthält 0 g Zucker auf 100 g.
- Ist giftig für Fruchtfliegen.

TIPP: ERYTHRIT HAT EINE GERINGERE SÜSSKRAFT ALS VERGLEICHSWEISE SACCHAROSE. DENNOCH NEHME ICH, UM 100 G ZUCKER ZU ERSETZEN, 90 G ERYTHRIT. ZU HOCH DOSIERT SCHMECKT ERYTHRIT BITTER UND HINTERLÄSST EIN UNANGENEHMES MUNDGEFÜHL.

+ VORTEILE

Da Erythrit sich insulinunabhängig verstoffwechselt, ist der Zuckeraustauschstoff auch für Diabetiker:innen geeignet.
Durch die Verstoffwechselung, die bereits im Dünndarm stattfindet, kommt es bei Erythrit in seltenen Fällen zu Verdauungsbeschwerden. Dennoch kann ein zu hoherVerzehr abführend wirken.

– NACHTEILE

Erythrit kristallisiert in manchen Gebäcken aus, daher empfiehlt es sich bei Eiweißmassen, Sahnefüllungen, Konfitüren, Marmeladen und Crèmes auf Puder-Erythrit zurückzugreifen. Erythrit karamellisiert zudem nicht und löst sich schlecht in kalten Flüssigkeiten.

XYLIT

- Wird auch Birkenzucker genannt.
- Wird durch Hydrierung von Holzzucker oder durch die Fermentation von Traubenzucker gewonnen.
- Verstoffwechselt sich nicht insulinunabhängig: Ein Drittel des Xylits wird im Darm zu Glukose umgewandelt, daher steigt der Blutzuckerspiegel leicht an.
- Der glykämische Index liegt bei 7.
- Besitzt die gleiche Süßkraft wie Saccharose.
- Hat 240 kcal auf 100 g.
- Ist nicht geeignet bei einer Histaminintoleranz und nur bedingt geeignet bei einer Fruktoseintoleranz.
- Enthält 0 g Zucker auf 100 g.
- Ist giftig für Hunde, Kaninchen, Rinder und Ziegen.

+ VORTEILE

Beim Backen verhält sich Xylit nahezu identisch wie raffinierter Zucker. Du kannst Saccharose durch Xylit einfach 1:1 tauschen. Es löst sich wunderbar in Flüssigkeiten und Eimassen lassen sich damit sehr gut aufschlagen. Xylit kristallisiert in Gebäcken und Massen außerdem nicht aus. Xylit wirkt antikariogen und ist beispielsweise in vielen Kaugummis enthalten. Es vermindert die Plaquebildung und die Produktion von zahnschädigenden Säuren.

– NACHTEILE

Xylit verstoffwechselt sich erst im Dickdarm und kann bei zu hohem Verzehr abführend wirken. Außerdem karamellisiert Xylit nicht.

AGAVENDICKSAFT

HERSTELLUNG
Der Kern der Agave wird zerkleinert und dann entsaftet.
Der gewonnene Saft wird eingekocht, bis ein heller Sirup entsteht.

SÜSSKRAFT IM VERGLEICH ZU SACCHAROSE
zwischen 125 % und 150 %

ZUSAMMENSETZUNG
Agavendicksaft besteht überwiegend aus isoliertem Fruchtzucker und Traubenzucker.

KALORIEN AUF 100 G
ca. 310 kcal

ZUCKERGEHALT AUF 100 G
ca. 65 g–75 g

NICHT GEEIGNET BEI
Fruktoseintoleranz

KOKOSBLÜTENZUCKER

HERSTELLUNG
Der Blütennektar der Kokospalme wird eingekocht, getrocknet und dann gemahlen.

SÜSSKRAFT IM VERGLEICH ZU SACCHAROSE
ca. 100 %

ZUSAMMENSETZUNG
Kokosblütenzucker besteht überwiegend aus Saccharose sowie einem kleinen Teil Fruchtzucker und Traubenzucker.

KALORIEN AUF 100 G
ca. 380–400 kcal

ZUCKERGEHALT AUF 100 G
ca. 85 g–95 g

NICHT GEEIGNET BEI
Fruktoseintoleranz

Die Angaben können je nach Hersteller abweichen.

REISSIRUP

HERSTELLUNG
Reismehl wird in Wasser aufgelöst und anschließend bei starker Hitze gekocht. Dann wird ein Enzym beigefügt, welches die Reisstärke in Zucker umwandelt. Bei diesem Prozess vollzieht sich eine Gärung, die vom Enzym ausgelöst wird. Der entstandene Saft wird gefiltert und eingekocht, damit Reissirup entsteht.

SÜSSKRAFT IM VERGLEICH ZU SACCHAROSE
ca. 50 %

ZUSAMMENSETZUNG
Reissirup besteht überwiegend aus Mehrfachzuckern, Malzzucker und Traubenzucker.

KALORIEN AUF 100 G
ca. 315 kcal

ZUCKERGEHALT AUF 100 G
ca. 65 g

GEEIGNET BEI
Fruktoseintoleranz

AHORNSIRUP

HERSTELLUNG
Der Saft des Zuckerahorns wird traditionell über dem Holzfeuer eingedickt.

SÜSSKRAFT IM VERGLEICH ZU SACCHAROSE
zwischen 60 % und 70 %

ZUSAMMENSETZUNG
Ahornsirup besteht überwiegend aus Saccharose und Fruchtzucker.

KALORIEN AUF 100 G
ca. 260 kcal

ZUCKERGEHALT AUF 100 G
ca. 85 g

NICHT GEEIGNET BEI
Fruktoseintoleranz

Die Angaben können je nach Hersteller abweichen.

TIPPS ZUM

EINKAUFEN

Zucker versteckt sich nicht nur hinter dem Wort "Zucker", sondern auch hinter vielen weiteren Begriffen. Diese versteckten Zucker befinden sich vor allem in verarbeiteten Lebensmitteln und erschweren es vielen Menschen, sich gesund bzw. zuckerreduziert zu ernähren.
Daher lohnt sich immer ein Blick auf die Zutatenliste, um nicht in die „Zuckerfalle" zu tappen.

HIER HAST DU EINE ÜBERSICHT DER GÄNGIGSTEN VERSTECKTEN ZUCKER:

- Agavendicksaft
- Ahornsirup
- Bonbonsirup
- Dattelsirup
- Dextrose
- Dicksaft
- Fruchtkonzentrate
- Fruchtzucker (Fruktose)
- Fruktose-Glukose-Sirup
- Gerstenmalz
- Gerstenmalzextrakt
- Gerstenmalzmehl
- Glukose (Traubenzucker)
- Glukosesirup
- Honig
- Invertzucker
- Isomeratzucker
- Milchpulver
- Joghurtpulver
- Karamell
- Karamellsirup
- Kokosblütenzucker
- Laktose (Milchzucker)
- Magermilchpulver
- Maissirup (Corn Syrup)
- Maiszucker
- Maltose (Malzzucker)
- Molkenpulver
- Raffinadezucker
- Raffinose
- Reissirup
- Rohrzucker
- Rohrohrzucker
- Rübenzucker
- Saccharose
- Stärkesirup
- Vollmilchpulver
- Vollrohrzucker
- Zuckerrübensirup

In vielen Lebensmitteln, die wir im Supermarkt kaufen können, versteckt sich Zucker. Vor allem Fertiggerichte und auch herzhafte Gerichte enthalten oftmals zugesetzte Zucker. Doch den meisten Zucker konsumieren wir Deutsche über Getränke.

WARUM WIRD ZUCKER SO VIELEN LEBENSMITTELN ZUGESETZT?

ZUCKER…

… schmeckt.
… ist ein preisgünstiger Rohstoff.
… verlängert die Frischhaltung.
… ist ein Geschmacksträger.
… sorgt für eine braune Färbung und Krustenfarbe von bspw. Brot und Brötchen.
… verleiht vielen Lebensmitteln ihre Textur.

TIPP: ACHTE BEIM EINKAUF AUCH AUF LIGHT-PRODUKTE! DIESEN PRODUKTEN FEHLT ES AN FETT. FETT IST EIN GESCHMACKSTRÄGER UND WENN DIESER FEHLT, WIRD GERNE ZUCKER ZUGEFÜGT.

-30%
WENIGER FETT

ZUTATEN:
Kartoffeln, Sonnenblumenöl, Traubenzucker, Salz, Reismehl, Gewürze, Aromen.

WIE LIEST DU ETIKETTEN RICHTIG?

1 Die Reihenfolge der Zutatenliste gibt an, in welcher Menge eine Zutat in dem Produkt enthalten ist.

Weizenmehl steht weit vorne in der Zutatenliste, also ist davon sehr viel im Produkt enthalten.

ZUTATEN:
HAFERFLOCKEN, WEIZENVOLLKORNMEHL, Palmöl, Glukosesirup, WEIZENKEIME, Dextrose, Salz, Backtriebmittel: Natriumcarbonate, Diphosphate; Aroma.

2 Schau nach den versteckten Zuckern.

Glukosesirup und Dextrose sind versteckte Zucker und Einfachzucker.

ZUTATEN:
HAFERFLOCKEN, WEIZENVOLLKORNMEHL, Palmöl, Glukosesirup, WEIZENKEIME, Dextrose, Salz, Backtriebmittel: Natriumcarbonate, Diphosphate; Aroma.

3 In den Nährwertangaben finden sich alle Einfach- und Zweifachzucker unter der Angabe „davon Zucker".

DURCHSCHNITTLICHE NÄHRWERTE	PRO 100 G
Energie	1976 kJ / 471 kcal
Fett	20 g
davon gesättigte Fettsäuren	9,2 g
Kohlenhydrate	62 g
davon Zucker	25 g
Ballaststoffe	5,3 g
Eiweiß	8,2 g
Salz	0,68 g

BEISPIEL: APFELMARK

Auch natürlicher Zucker kann in den Nährwertangaben unter „davon Zucker" fallen. Daher kann es sein, dass du keinen versteckten Zucker in der Zutatenliste findest, aber trotzdem eine Zuckermenge in den Nährwertangaben angegeben ist.

ZUTATEN:
Äpfel*. *aus kontrolliert biologischem Anbau.

DURCHSCHNITTLICHE NÄHRWERTE	PRO 100 G
Energie	239 kJ / 56 kcal
Fett	0,4 g
davon gesättigte Fettsäuren	<0,1 g
Kohlenhydrate	11,6 g
davon Zucker	11 g
Eiweiß	0,3 g
Salz	<0,01 g

Dennoch enthält das Produkt 11 g Zucker. Das ist der Fruchtzucker, der von Natur aus im Apfel vorkommt. In diesem Fall gilt: Der Fruchtzucker ist ein natürlicher Zucker und nicht zugesetzt. Fruchtzucker ist ein Einfachzucker und daher findet er sich in der Angabe „davon Zucker" wieder.

BACKEN

OHNE RAFFINIERTEN ZUCKER

DAS RICHTIGE BACKPULVER

In diesem Buch wird mit Weinstein Backpulver gebacken. Backpulver besteht immer aus drei Zutaten: einem Backtriebmittel, einem Säuerungsmittel und einem Trennmittel. Als Backtriebmittel wird hauptsächlich Natriumhydrogencarbonat (Natron) verwendet, welches aufgrund von Säure für die gewünschte Triebwirkung im Gebäck sorgt. Der Unterschied zwischen herkömmlichen Backpulvern und Weinstein Backpulver besteht im Säuerungsmittel.

Beim Weinstein Backpulver wird als Säuerungsmittel Weinsteinsäure genommen und beim herkömmlichen Backpulver wird Phosphat verwendet. Weinstein Backpulver ist daher die natürliche Alternative zu herkömmlichem Backpulver. Außerdem wird es auf Maisbasis hergestellt und herkömmliches Backpulver in der Regel auf Weizenbasis. Für das Backergebnis am Ende spielt es keine Rolle, welches Backpulver benutzt wird. Du kannst das Weinstein Backpulver einfach 1:1 durch herkömmliches Backpulver austauschen.

MILCH UND MILCHALTERNATIVEN

In den Rezepten in diesem Buch wird Milch verwendet. Du kannst diese aber durch jede beliebige pflanzliche Alternative austauschen, sei es Hafermilch, Mandelmilch, Reismilch oder andere Getreide- und Nussmilchsorten.

ERYTHRIT UND PUDER-ERYTHRIT

Puder-Erythrit gibt es im Einzelhandel oder du kannst es selbst herstellen. Dafür nimmst du kristallines Erythrit und gibst dieses in einen Hochleistungsmixer, um es zu Puder zu mahlen. Bewahre das Puder-Erythrit immer in einer verschlossenen Dose auf, da es sehr schnell Feuchtigkeit ziehen kann. Geschmacklich unterscheidet sich Erythrit bei zu hoher Dosierung vom raffinierten Zucker. Wenn du den Geschmack am Anfang als unangenehm empfindest, kannst du ein Kombi-Produkt mit Erythrit und Stevia kaufen. Diese Süße kannst du 1:1 in meinen Rezepten durch das Erythrit ersetzen.

Allgemein kannst du das Erythrit auch durch eine andere kristalline Zucker-alternative deiner Wahl ersetzen.

SCHOKOLADE OHNE ZUCKERZUSATZ

Beim Schmelzen von Schokolade ohne Zuckerzusatz solltest du darauf achten, dass du ein Wasserbad benutzt. Koche etwas Wasser in einem Topf auf und schalte dann die Hitze aus. Stelle eine Schüssel mit der gehackten Schokolade in das Wasserbad und rühre stetig um, bis die Schokolade geschmolzen ist. Es ist sehr wichtig, regelmäßig umzurühren, da – falls du sie vergisst oder du mit zu viel Hitze arbeitest – die Schokolade schnell anbrennen kann. Hast du nach dem Schokolieren noch Schokolade übrig, kannst du diese einfach fest werden lassen und wieder verpacken. Bei der nächsten Verwendung lässt sie sich genauso gut verarbeiten.

Ein kleiner Bonus-Tipp: Füge etwas Kokos- oder Rapsöl zur Schokolade hinzu, dann wird diese flüssiger und du kannst Gebäcke und Torten einfacher überziehen.

HEFETEIGE OHNE RAFFINIERTEN ZUCKER

Hefe braucht Zucker als Nahrung. Deswegen wird auch oft noch ein bisschen Zucker mit in den Teig gegeben. Wenn die Hefe den Zucker verstoffwechselt, entstehen Alkohol und Kohlendioxid, ein Gas, welches für die Teiglockerung sorgt.

Ich nehme als Ersatz für den raffinierten Zucker gerne getrocknete Datteln und püriere diese mit der Schüttflüssigkeit. Du kannst auch andere Trockenfrüchte nehmen. Alternativ nimmt die Hefe als Nahrung auch Xylit. Erythrit dient im Teig nur zum Süßen. Wenn du den Anteil an Trockenfrüchten oder alternativen Süßungsmitteln in deinem Teig reduzieren möchtest, solltest du eine längere Teigruhe einhalten.

MEHLSORTEN

Ich verwende in diesem Backbuch ausschließlich Dinkelmehl. In meinen Hefeteig-Rezepten kannst du das Dinkelmehl Type 630 durch Dinkelvollkornmehl austauschen. Vollkornmehle enthalten jedoch mehr Schalenteile, wodurch sich die Wasserzugabe im Teig erhöht. Das macht die Gebäcke unter anderem „saftiger", aber natürlich auch kompakter.

Du kannst, wenn du Dinkelvollkornmehl in meinen Hefeteig-Rezepten benutzt, einfach 1–2 Esslöffel mehr Schüttflüssigkeit zufügen und den Teig 1–2 Minuten länger kneten.

GEWÜNSCHTE SPRINGFORMGRÖSSEN

Du kannst die Rezepte beliebig umrechnen und auf dein Back-Equipment anpassen.

		GEWÜNSCHTE SPRINGFORMGRÖSSE							
		16 cm	18 cm	20 cm	22 cm	24 cm	26 cm	28 cm	30 cm
SPRINGFORMGRÖSSE NACH REZEPT	16 cm	1,00	1,27	1,56	1,89	2,25	2,64	3,06	3,52
	18 cm	0,79	1,00	1,23	1,49	1,78	2,09	2,42	2,78
	20 cm	0,64	0,81	1,00	1,21	1,44	1,69	1,96	2,25
	22 cm	0,53	0,67	0,83	1,00	1,19	1,40	1,62	1,86
	24 cm	0,44	0,56	0,69	0,84	1,00	1,17	1,36	1,56
	26 cm	0,38	0,48	0,59	0,72	0,85	1,00	1,16	1,33
	28 cm	0,33	0,41	0,51	0,62	0,73	0,86	1,00	1,15
	30 cm	0,28	0,38	0,44	0,54	0,64	0,75	0,87	1,00

BEISPIEL:

Springformgröße nach Rezept: 22 cm, gewünschte Springformgröße: 26 cm

Wenn du statt einer 22er Springform lieber eine 26er verwenden möchtest, dann rechnest du die Zutaten folgendermaßen um:

22er Springform 90 g Dinkelmehl Type 630
x 1,40
= 126 g Dinkelmehl Type 630 für eine **26er Springform**

SOULFOOD

NASCHEN

HASELNUSS-SCHOKO KUGELN

ZUTATEN

Für die Kugeln:

120 g Haselnüsse, geröstet
60 g Haselnussmus*
40 g Puder-Erythrit
10 g Kokosöl
15 g Kakaopulver, schwach entölt

Außerdem:

10 g Haselnüsse, geröstet
80 g dunkle Schokolade ohne Zuckerzusatz

* Je nach Hersteller kann es zu einer anderen Konsistenz der Füllung kommen. Dann die Masse gegebenenfalls vor dem Verarbeiten kurz anfrieren.

ZUBEREITUNG

1 Zerkleinere 120 g Haselnüsse im Mixer, bis du gehackte Haselnussstückchen hast. Wiege 20 g der Haselnussstückchen in einer Schüssel ab und stelle diese erstmal beiseite.

2 Füge nun die restlichen Zutaten zu den 100 g Haselnussstückchen und mixe die Zutaten in einem Hochleistungsmixer zu einer Masse.

3 Forme nun 10 Kugeln und rolle in jede Kugel eine Haselnuss ein.

4 Friere die Kugeln für 45 Minuten an und schmilz in der Zwischenzeit die Schokolade. Rühre dann die geschmolzene Schokolade unter die 20 g gehackten Haselnüsse.

5 Tauche die Kugeln in die Schokolade und setze sie dann auf Backpapier ab. Ist die Schokolade fest geworden, kannst du die Haselnuss-Schoko-Kugeln verschlossen im Kühlschrank aufbewahren.

PORTIONEN
10

ZUBEREITUNGSZEIT
15 MIN.

PASSIVE ZEIT
45 MIN.

BACKZEIT
–

NÄHRWERTE PRO PORTION

Energie	Fett	Kohlenhydate	davon mehrwertige Alkohole	davon Zucker	Eiweiß
168 kcal	16,1 g	6,8 g	4,7 g	1,2 g	3,7 g

KARAMELL-SCHOKO RIEGEL

ZUTATEN

Für den Keksboden:

125 g Dinkelmehl Type 630
85 g Butter
40 g Puder-Erythrit

Für den Karamell:

80 g Butter
30 g Puder-Erythrit
110 g Sahne
2 g Johannisbrotkernmehl (ca. 1/4 Teelöffel)
1 g Zimt, gemahlen

Außerdem:

240 g Vollmilch-Schokolade ohne Zuckerzusatz

ZUBEREITUNG

1 Heize den Ofen auf 180 °C Ober- und Unterhitze vor. Schneide die Butter für den Keksboden in Stücke und knete sie mit den restlichen Zutaten zu einem Teig. Rolle den Teig rechteckig (20 x 15 cm), ca. 5 mm dick aus. Backe den Boden, bis er gleichmäßig gebräunt ist.

2 Bringe die Butter für den Karamell bei mittlerer Hitze in einem kleinen Topf zum Köcheln. Die Butter soll leicht braun werden. Füge die restlichen Zutaten zur Butter hinzu und rühre alles glatt. Stelle die Karamellsoße 10 Minuten in den Kühlschrank, damit sie streichfähiger wird.

3 Lege eine verschließbare Dose (ca. 20 x 15 cm) mit Backpapier aus und gib dann den Keksboden darauf. Verteile den Karamell auf dem Keksboden und stelle die Dose für 30 Minuten in den Kühlschrank.

4 Hebe den Karamell-Keks aus der Dose und schneide 12 Riegel daraus. Lege diese nochmal für eine Stunde ins Gefrierfach.

5 Schmilz die Schokolade vorsichtig in einem Wasserbad. Tauche die Karamell-Keks-Riegel vollständig in die Schokolade und setze sie anschließend auf Backpapier ab. Ist die Schokolade fest geworden, bewahre die Riegel in einer verschlossenen Dose im Kühlschrank auf.

PORTIONEN
12

ZUBEREITUNGSZEIT
40 MIN.

PASSIVE ZEIT
2 STD.

BACKZEIT
–

NÄHRWERTE PRO PORTION

Energie	Fett	Kohlenhydate	davon mehrwertige Alkohole	davon Zucker	Eiweiß
258 kcal	21,5 g	20,5 g	7,7 g	4,6 g	3,2 g

KOKOSKUGELN

TIPP: DEN BESONDEREN „BISS" UND EINE NUSSIGE NOTE BEKOMMEN DEINE KOKOSKUGELN, WENN DU EINE GERÖSTETE MANDEL MIT EINROLLST.

ZUTATEN

Für die Kugeln:

80 g Kokosmus*
50 g Kokosflocken
60 g Erythrit
80 g Kokosmilch aus der Dose
20 g Kokosöl

Außerdem:

20 g Kokosflocken

* Je nach Hersteller kann es zu einer anderen Konsistenz der Füllung kommen. Dann die Masse gegebenenfalls vor dem Verarbeiten kurz anfrieren.

ZUBEREITUNG

1 Stelle sicher, dass die Kokosmilch aus der Dose homogen ist, also Wasser und Fett emulgiert sind, bevor du sie zu den anderen Zutaten wiegst. Schmilz das Kokosmus am besten vor der Einwaage im Wasserbad und rühre das Mus gut durch.

2 Wiege alle Zutaten in einen Topf. Erwärme die Zutaten unter ständigem Rühren, bis eine homogene Masse entsteht. Fülle die Kokosmasse in eine Schüssel und stelle diese für 2 Stunden in den Kühlschrank.

3 Die Kokosmasse soll von der Konsistenz so fest sein, dass du problemlos Kugeln daraus formen kannst. Ist dies der Fall, forme 19 Kugeln und wälze diese sofort in den Kokosflocken.

PORTIONEN
19

ZUBEREITUNGSZEIT
15 MIN.

PASSIVE ZEIT
2 STD.

BACKZEIT
–

NÄHRWERTE PRO PORTION

Energie	Fett	Kohlenhydate	davon mehrwertige Alkohole	davon Zucker	Eiweiß
70 kcal	7,2 g	3,9 g	3,2 g	0,6 g	0,6 g

SCHOKO-KNUSPER

MEIN FAVORIT: ICH MISCHE MIR AM LIEBSTEN GEMAHLENEN ZIMT MIT IN DIE SCHOKOLADE.

ZUTATEN

Für die Schoko-Knusper:

120 g Schokolade ohne Zuckerzusatz
45 g Dinkel- oder Maisflakes ohne Zuckerzusatz

ZUBEREITUNG

1 Schmilz die Schokolade vorsichtig über dem Wasserbad und mische sie mit den Flakes.

2 Portioniere mit einem Löffel kleine Türmchen auf einem Backpapier. Ist die Schokolade fest geworden, bewahre die Schoko-Knusper in einer verschlossenen Dose auf.

TIPP: Du kannst die Dinkel- oder Maisflakes auch mit einer anderen Schokolade überziehen. Oder du verwendest zum Beispiel Mandelsplitter anstelle der Flakes.
Auch Trockenfrüchte eignen sich in Kombination mit Nüssen hervorragend.
Für eine würzig-scharfe Note eignet sich zum Beispiel Cayennepfeffer, den du einfach mit in die Schokolade rühren kannst.

PORTIONEN
10

ZUBEREITUNGSZEIT
20 MIN.

PASSIVE ZEIT
10 MIN.

BACKZEIT
–

NÄHRWERTE PRO PORTION

Energie	Fett	Kohlenhydate	davon mehrwertige Alkohole	davon Zucker	Eiweiß
61 kcal	4,3 g	5,5 g	1,0 g	0,4 g	1,2 g

SCHOKOSCHNITTE MIT MILCHFÜLLUNG

ZUTATEN

Für den Biskuit:

70 g Mandelmehl
10 g Flohsamenschalenpulver
80 g Erythrit
3 g Weinstein Backpulver
22 g Kakaopulver, schwach entölt
4 Eier, Größe M
100 g Mineralwasser

Für die Füllung:

200 g Sahne
50 g Milch
250 g Magerquark
1 Stk. Vanilleschote, das Mark davon
40 g Puder-Erythrit
3 Blatt Gelatine

PORTIONEN
9

ZUBEREITUNGSZEIT
30 MIN.

PASSIVE ZEIT
24 STD.

BACKZEIT
15 MIN.

ZUBEREITUNG

1 Heize den Ofen auf 180 °C Ober- und Unterhitze vor. Mische die trockenen Zutaten für den Biskuit in einer Schüssel. Schlage die Eier mithilfe einer Küchenmaschine auf. Die Eier sollten Volumen annehmen und standfester werden. Rühre das Mineralwasser kurz unter die Eimasse. Hebe zum Schluss die trockenen Zutaten vorsichtig unter die aufgeschlagene Masse. Streiche den Biskuit gleichmäßig auf ein mit Backpapier ausgelegtes Backblech. Backe den Biskuit für ca. 15 Minuten.

2 Teile den Biskuit nach dem Auskühlen in zwei Teile und lege eine Hälfte in einen Rahmen. Weiche die Gelatine in kaltem Wasser ein. Schlage die Sahne für die Füllung auf. Verrühre das Mark der Vanilleschote mit dem Quark, dem Puder-Erythrit und der Milch.

3 Gib 80 g der Quarkmischung in einen Topf. Füge die gequollene, ausgedrückte Gelatine hinzu und erwärme alles auf ca. 45 °C. Achte darauf, dass die Gelatine vollständig gelöst ist. Rühre diese Vormischung flott mit einem Schneebesen unter die restliche Quarkmasse. Hebe dann die geschlagene Sahne unter. Streiche die Milchmasse auf den Biskuitboden und deckel diese mit der anderen Biskuit-Hälfte.

4 Stell die Schnitte über Nacht kühl und schneide sie danach in 9 Schokoschnitten.

NÄHRWERTE PRO PORTION

Energie	Fett	Kohlenhydate	davon mehrwertige Alkohole	davon Zucker	Eiweiß
157 kcal	11,0 g	16,7 g	13,2 g	2,6 g	10,3 g

HASELNUSS KONFEKT

ZUTATEN

Für das Konfekt:

25 g Puder-Erythrit
25 g Kokosfett (Palmin)
25 g Cashewmus*
35 g Haselnussmus*
60 g Kokosmilch aus der Dose
24 Stück Haselnüsse, geröstet

Außerdem:

40 g dunkle Schokolade ohne Zuckerzusatz

* Je nach Hersteller kann es zu einer anderen Konsistenz der Füllung kommen. Dann die Masse gegebenenfalls vor dem Verarbeiten kurz anfrieren.

ZUBEREITUNG

1 Erwärme das Erythrit mit dem Nussmus, dem Kokosfett und der Kokosmilch in einem Topf und emulgiere die Masse mit einem Stabmixer.

2 Fülle die Nussmasse in eine Halbkugel-Silikonform (Durchmesser 2 cm) oder in den Blister einer Toffifee-Packung. Drücke eine Haselnuss in jede Mulde. Lege das Konfekt drei Stunden ins Gefrierfach.

3 Löse das Konfekt nach dem Einfrieren aus der Form. Schmilz die Schokolade über einem Wasserbad. Garniere das Konfekt mittig mit einem Klecks Schokolade.

4 Bewahre das Haselnuss-Konfekt geschlossen im Gefrierfach auf und taue es bei Bedarf zum Naschen auf.

PORTIONEN
24

ZUBEREITUNGSZEIT
15 MIN.

PASSIVE ZEIT
3 STD.

BACKZEIT
–

NÄHRWERTE PRO PORTION

Energie	Fett	Kohlenhydate	davon mehrwertige Alkohole	davon Zucker	Eiweiß
45 kcal	4,3 g	1,9 g	1,2 g	0,3 g	0,7 g

KEKSRIEGEL

ZUTATEN

Für den Mürbeteig:

200 g Dinkelmehl Type 630
70 g Butter
80 g Puder-Erythrit
1 Ei, Größe M

Für die Füllung:

65 g Kokosfett (Palmin)
65 g Vollmilch-Schokolade ohne Zuckerzusatz
25 g Puder-Erythrit
8 g Kakaopulver, schwach entölt

ZUBEREITUNG

1 Schneide die Butter für den Mürbeteig in Stücke und knete sie mit den restlichen Zutaten zu einem Teig. Rolle den Teig zwischen Backpapier ca. 3–4 mm dick aus. Ziehe das obere Backpapier ab und schneide mit einem Radel Rechtecke (4 x 7 cm). Piekse mit einer Gabel gleichmäßig Punkte in die Mürbeteig-Rechtecke, sodass ein Punktemuster entsteht. Stelle die Mürbeteig-Rechtecke für ca. 2 Stunden kühl. Heize den Ofen auf 180 °C Ober- und Unterhitze vor.

2 Brich die Rechtecke auseinander und setze sie mit etwas Abstand auf ein Backblech. Backe die Mürbeteigböden für 15 Minuten.

3 Schmilz das Kokosfett für die Füllung in einem Topf. Rühre die restlichen Zutaten unter. Lege eine Dose (20 x 15 cm) mit Backpapier aus. Gieße die Füllung hinein und stelle alles für 3 Stunden kühl. Die Schokoladenfüllung soll nach dem Abkühlen fest sein. Denke daran, einen Esslöffel der Schokoladen-Füllung zurückzubehalten.

4 Löse die Schokoladen-Platte aus der Form und schneide mit einem warmen Messer Rechtecke, die genauso groß sind wie die Kekse. Bestreiche die Keks-Innenseiten dünn mit der flüssigen Schokolade. Lege dann das Schokoladen-Rechteck auf den Keks und deckel dieses mit der anderen Kekshälfte.

PORTIONEN
25

ZUBEREITUNGSZEIT
30 MIN.

PASSIVE ZEIT
200 MIN.

BACKZEIT
15 MIN.

NÄHRWERTE PRO PORTION

Energie	Fett	Kohlenhydate	davon mehrwertige Alkohole	davon Zucker	Eiweiß
275 kcal	19,4 g	34,1 g	13,9 g	2,0 g	6,8 g

SCHOKO-KEKSE MIT CRÈMEFÜLLUNG

ZUTATEN

Für den Mürbeteig:

125 g Butter
80 g Puder-Erythrit
40 g Kakaopulver, schwach entölt
210 g Dinkelmehl Type 630
1 Ei, Größe M

Für die Ganache:

160 g weiße Schokolade ohne Zuckerzusatz
60 g Sahne

ZUBEREITUNG

1 Koche die Sahne für die Füllung auf und rühre die, in Stücke gebrochene, Schokolade ein. Stelle die Ganache über Nacht in den Kühlschrank.

2 Schneide die Butter für den Mürbeteig in Stücke und knete sie mit den restlichen Zutaten zu einem Teig. Portioniere den Teig in 3 Kugeln und rolle jede Kugel zu einer Stange mit 6 cm Durchmesser. Stelle die Rollen für 2 Stunden kühl. Heize den Ofen auf 180 °C Ober- und Unterhitze vor.

3 Schneide dann mit einem Messer ca. 3 mm dicke Kekse aus den Stangen. Setze diese mit etwas Abstand auf ein mit Backpapier ausgelegtes Backblech. Optional kannst du die Kekse vor dem Backen noch mit einem Keksstempel prägen, so bekommen sie ein schönes Muster. Backe die Kekse für 15 Minuten. Lasse die Kekse nach dem Backen auskühlen.

4 Gib mit einem Löffel ca. 10 g Ganache auf die Unterseite des Kekses und deckle dann die Füllung mit einer anderen Kekshälfte.

PORTIONEN
25

ZUBEREITUNGSZEIT
30 MIN.

PASSIVE ZEIT
24 STD.

BACKZEIT
15 MIN.

NÄHRWERTE PRO PORTION

Energie	Fett	Kohlenhydate	davon mehrwertige Alkohole	davon Zucker	Eiweiß
48 kcal	8,6 g	12,0 g	5,0 g	3,3 g	2,3 g

NUSS PRALINÉS

ZUTATEN

Für die Praliné-Masse:

100 g Milch
25 g weiße Schokolade ohne Zuckerzusatz
25 g Vollmilch-Schokolade ohne Zuckerzusatz
50 g Kokosfett (Palmin)
30 g Haselnüsse, gehackt und geröstet
15 g Haselnussmus*

Außerdem:

125 g Haselnüsse, gehackt und geröstet

* Je nach Hersteller kann es zu einer anderen Konsistenz der Füllung kommen. Dann die Masse gegebenenfalls vor dem Verarbeiten kurz anfrieren.

ZUBEREITUNG

1 Erwärme die Zutaten für die Praliné-Masse in einem Topf und mixe diese glatt. Fülle die Masse in eine Schüssel und stelle sie über Nacht kühl.

2 Forme am nächsten Tag ca. 10 g schwere Kugeln und wälze diese in gehackten Haselnüssen.

3 Bewahre die Kugeln in einem verschlossenen Behältnis im Kühlschrank auf.

PORTIONEN
25

ZUBEREITUNGSZEIT
15 MIN.

PASSIVE ZEIT
24 STD.

BACKZEIT
–

NÄHRWERTE PRO PORTION

Energie	Fett	Kohlenhydate	davon mehrwertige Alkohole	davon Zucker	Eiweiß
75 kcal	7,3 g	1,2 g	0,4 g	0,8 g	1,4 g

PFEFFERMINZ-TÄFELCHEN

ZUTATEN

Für die Füllung:

150 g Puder-Erythrit
3 g Zitronensaft
30 g Wasser
12 Tropfen Pfefferminzöl

Außerdem:

80 g Zartbitter-Schokolade ohne Zuckerzusatz

ZUBEREITUNG

1 Schmilz die Schokolade vorsichtig über dem Wasserbad.

2 Lege den Boden einer Dose (20 x 15 cm) mit einem Backpapier aus. Verteile mit einem Pinsel ca. 40 g Schokolade gleichmäßig auf dem Backpapier. Wichtig ist, dass du das Backpapier lückenlos bestreichst. Stelle das Behältnis in den Kühlschrank, damit die Schokolade fest wird.

3 Stelle in der Zwischenzeit die Füllung her. Verrühre dafür alle Zutaten miteinander, bis eine feste Paste entsteht. Verstreiche diese Minzpaste auf dem festen Schokoladenboden. Trage nun vorsichtig mit einem Pinsel die restliche Schokolade auf. Stelle das Behältnis wieder kühl, bis die Schokolade fest geworden ist.

4 Schneide vor dem Vernaschen den Rand der Dose vorsichtig an. Stürze die Pfefferminz-Schokolade-Platten auf ein Brett und schneide sie mit einem warmen Messer in 12 Stücke.

5 Bewahre die Täfelchen im Kühlschrank auf.

PORTIONEN
12

ZUBEREITUNGSZEIT
45 MIN.

PASSIVE ZEIT
1 STD.

BACKZEIT
–

NÄHRWERTE PRO PORTION

Energie	Fett	Kohlenhydrate	davon mehrwertige Alkohole	davon Zucker	Eiweiß
25 kcal	2,3 g	13,8 g	13,2 g	0,4 g	0,4 g

SCHAUMKÜSSE

TIPP: DIE SCHAUMKÜSSE IM KÜHLSCHRANK AUFBEWAHREN.

ZUTATEN

Für die Waffeln:

30 g Butter, weich
75 g Erythrit
1 Ei, Größe M
125 g Dinkelmehl Type 630
225 g Wasser

Für die Füllung:

3 Eiweiß, Größe M
60 g Puder-Erythrit
45 g Wasser
3 Blatt Gelatine

Außerdem:

120 g Zartbitter-Schokolade ohne Zuckerzusatz
15 g Kokosöl

PORTIONEN
14

ZUBEREITUNGSZEIT
1 STD.

PASSIVE ZEIT
75 MIN.

BACKZEIT
–

ZUBEREITUNG

1 Rühre die weiche Butter für die Waffelmasse mit dem Erythrit mithilfe einer Küchenmaschine cremig. Füge das Ei hinzu und rühre weiter, bis eine homogene Masse entsteht. Füge ein Drittel des Mehles hinzu und rühre den Teig glatt. Gib etwas Wasser hinzu und rühre im Anschluss das Mehl und das restliche Wasser im Wechsel weiter unter die Buttermasse. Lasse den Teig eine Stunde quellen.

2 Heize das Waffeleisen vor und backe die Waffeln nacheinander. Stich mit einem runden Ausstecher (Durchmesser 6 cm) kleine Kreise aus. Den Verschnitt der Waffeln kannst du einfach vernaschen. Insgesamt benötigst du 14 Waffelböden für die Schaumküsse.

3 Schmilz die Schokolade mit dem Kokosöl über dem Wasserbad. Bestreiche die Waffeloberseite dünn mit Schokolade. Stelle die Waffeln kühl, bis die Schokolade angezogen ist.

4 Trenne die Eier für die Füllung und weiche die Gelatine in kaltem Wasser ein. Bringe das Puder-Erythrit mit 30 g Wasser zum Kochen. Schlage währenddessen das Eiweiß auf, bis es Konturen schlägt. Lasse das aufgekochte Erythrit-Wasser-Gemisch in einem dünnen Strahl in den Eischnee einlaufen. Lasse die Masse immer weiter schlagen. Drücke die Gelatine gut aus und verflüssige sie mit den 15 g Wasser in einem Topf. Rühre die gelöste Gelatine in den aufgeschlagenen Eischnee. Lass den Eischnee eine Minute weiter schlagen und fülle ihn dann in einen Spritzbeutel mit großer Lochtülle.

5 Drehe die Waffelblättchen um, sodass die Schokoladenseite nach unten zeigt. Dressiere die Schaummasse spiralförmig auf den Waffeln und stelle diese dann für 15 Minuten kühl. Wärme die Schokolade nochmal auf dem Wasserbad nach.

6 Bestreiche die Schaumküsse vorsichtig mit einem Pinsel mit der Schokolade und setze diese auf Backpapier ab. Stelle die Schaumküsse kühl, bis die Schokolade angezogen ist.

NÄHRWERTE PRO PORTION

Energie	Fett	Kohlenhydrate	davon mehrwertige Alkohole	davon Zucker	Eiweiß
100 kcal	6,4 g	17,8 g	10,4 g	0,5 g	3,1 g

BONBONS MIT SCHOKOLADENFÜLLUNG

ZUTATEN

Für die Ganache:

100 g weiße Schokolade ohne Zuckerzusatz
30 g Milch
20 g Haselnüsse, geröstet und gehackt

Außerdem:

80 g Vollmilch-Schokolade ohne Zuckerzusatz

ZUBEREITUNG

1 Koche die Milch auf. Brich die Schokolade in Stücke und rühre sie in die Milch, bis eine homogene Masse entsteht. Füge die Haselnüsse hinzu. Stelle die Ganache für ca. 4 Stunden in den Kühlschrank.

2 Portioniere mit einem Löffel 15 g schwere Stücke und forme diese zu Eiern. Forme die Ganache nicht zu lange zwischen den Händen, damit sie nicht zu weich wird.

3 Spieße die Eier auf einen Zahnstocher und stecke diesen aufrecht in Styropor oder in einen kleinen Karton. Stelle die Ganache-Eier in den Kühlschrank, bis sie fest geworden sind.

4 Schmilz in der Zwischenzeit die Schokolade über einem Wasserbad. Tauche die Eier am Zahnstocher durch die Schokolade und schüttele die überflüssige Schokolade ab. Stecke die fertigen Schokoladen-Bonbons wieder zurück in den Pappkarton. Verfahre so weiter, bis alle Eier überzogen sind. Kühle die Schokoladen-Bonbons und bewahre sie dann in einer verschlossenen Dose im Kühlschrank auf.

PORTIONEN
15

ZUBEREITUNGSZEIT
45 MIN.

PASSIVE ZEIT
5 STD.

BACKZEIT
–

NÄHRWERTE PRO PORTION

Energie	Fett	Kohlenhydate	davon mehrwertige Alkohole	davon Zucker	Eiweiß
70 kcal	6,1 g	4,5 g	2,3 g	2,1 g	1,5 g

SÜSSE SNACKS

FÜR ÜBERALL UND JEDERZEIT

MINI APFELKÜCHLEIN

TIPP: ERSETZE DIE ÄPFEL DURCH TK-KIRSCHEN FÜR KIRSCH-KÜCHLEIN.

ZUTATEN

Für den Mürbeteig:

250 g Dinkelmehl Type 630
160 g Butter
1 Ei, Größe M
90 g Puder-Erythrit
25 g Mandeln, gemahlen

Für die Apfelfüllung:

135 g Äpfel (Boskop, Elstar)
40 g Apfel-Direktsaft
10 g Erythrit
10 g Maisstärke
1 Messerspitze Zimt
1 Spritzer Zitronensaft

PORTIONEN
8

ZUBEREITUNGSZEIT
45 MIN.

PASSIVE ZEIT
2 STD.

BACKZEIT
25 MIN.

ZUBEREITUNG

1 Schneide die Butter für den Keksboden in Stücke und knete sie mit den restlichen Zutaten zu einem Teig. Stelle den Teig 2 Stunden kühl.

2 Schäle die Äpfel für die Apfelfüllung und entferne das Kerngehäuse. Schneide die Apfelspalten in kleinere Stücke. Bringe die Apfelstücke zusammen mit 30 g Apfelsaft, dem Erythrit, und dem Zimt leicht zum Kochen. Dünste die Äpfel so lange, bis sie weich gegart sind. Schmecke die Füllung mit Zitronensaft ab. Mische nun die 10 g Apfelsaft mit der Maisstärke und rühre sie unter die gedünsteten Äpfel. Lasse alles unter ständigem Rühren kurz aufkochen, damit die Stärke verkleistert.

3 Stelle die Apfelfüllung beiseite und lasse sie abkühlen.

4 Heize den Ofen auf 180 °C Umluft vor. Rolle den Mürbeteig mit einem Nudelholz 3 mm dick aus. Stich 10 cm große Kreise aus, insgesamt 16 Stück. Bepinsele 8 Stück Mürbeteigböden am äußeren Rand mit Wasser und verteile in der Mitte 1 Esslöffel der Apfelfüllung. Deckel die Apfelküchlein mit den restlichen Mürbeteigböden. Drücke den Rand mit den Fingerspitzen an, sodass die Füllung beim Backen nicht austreten kann. Optional kannst du mit einer Gabel noch ein Muster in den Rand drücken. Lege die Küchlein auf ein mit Backpapier ausgelegtes Backblech und schneide die Oberfläche kreuzweise ein. Backe die Apfelküchlein für 25 Minuten.

NÄHRWERTE PRO PORTION

Energie	Fett	Kohlenhydate	davon mehrwertige Alkohole	davon Zucker	Eiweiß
311 kcal	19,9 g	40,3 g	13,0 g	3,1 g	5,6 g

ZIMTSCHNECKEN MUFFINS

ZUTATEN

Für den Teig:

260 g Dinkelmehl Type 630
100 g Milch
40 g getrocknete Datteln
30 g weiche Butter
1 Ei, Größe M
10 g Hefe, frisch
1 Prise Salz
0,5 TL Zimt, gemahlen
0,5 TL Kardamom, gemahlen

Außerdem:

50 g Butter, flüssig
30 g Erythrit
4 g Zimt, gemahlen

ZUBEREITUNG

1 Püriere die Datteln in der Milch und knete beides mit den restlichen Zutaten 5 Minuten lang zu einem Teig. Decke diesen ab und lasse ihn an einem warmen Ort für 45 Minuten ruhen, bis er sich sichtbar vergrößert hat.

2 Knete den Teig nochmal kurz mit den Händen durch und rolle ihn dann mit einem Nudelholz zu einem Quadrat (30 x 30 cm) aus. Bestreiche den Teig mit Butter. Mische das Erythrit mit dem Zimt und streue es gleichmäßig auf den ausgerollten Teig. Klappe den Teig von oben ein, sodass ein Rechteck entsteht (30 x 15 cm). Die Füllung ist nun nicht mehr zu sehen. Heize den Ofen auf 190 °C Ober- und Unterhitze vor.

3 Schneide 7 Streifen aus dem Rechteck (4 cm breit) und schneide sie nochmal mittig ein, bis 1 cm vor dem oberen Randende. Verdrehe die zwei Stränge pro Streifen ineinander und rolle diese auf. Setze die Teiglinge mit dem Schluss nach unten in die Muffin-Manschetten und bestreiche sie mit der restlichen Butter.
Lasse die Zimtschnecken nochmal 10 Minuten abgedeckt ruhen und backe sie dann für 20 Minuten.

PORTIONEN
7

ZUBEREITUNGSZEIT
30 MIN.

PASSIVE ZEIT
1 STD.

BACKZEIT
20 MIN.

NÄHRWERTE PRO PORTION

Energie	Fett	Kohlenhydate	davon mehrwertige Alkohole	davon Zucker	Eiweiß
258 kcal	11,3 g	37,0 g	4,3 g	5,4 g	6,2 g

ROSINENBROT

TIPP: DU KANNST DIE ROSINEN AUCH DURCH SCHOKOLADENDROPS OHNE ZUCKERZUSATZ ERSETZEN.

ZUTATEN

Für den Teig:

400 g Dinkelmehl Type 630
60 g Datteln, getrocknet
180 g Wasser
2 g Salz
20 g Hefe, frisch
40 g Butter
1 Ei, Größe M
65 g Rosinen

Außerdem:

40 g Erythrit
4 g Zimt, gemahlen
25 g Butter, flüssig

ZUBEREITUNG

1 Püriere die Datteln im Wasser und knete beides mit den restlichen Zutaten 5 Minuten lang zu einem Teig. Decke diesen ab und lasse ihn an einem warmen Ort für 45 Minuten ruhen, bis er sich sichtbar vergrößert hat.

2 Fette eine Kastenform (25 cm) ein.

3 Knete den Teig einmal durch und rolle ihn zu einem Rechteck aus (40 x 25 cm). Bestreiche den ausgerollten Teig mit der flüssigen Butter. Mische das Erythrit mit dem Zimt und verteile es gleichmäßig auf dem Teig.

4 Heize den Ofen auf 190 °C Ober- und Unterhitze vor.

5 Rolle den Teig von der kurzen Seite auf. Schlage die Seiten nach unten etwas ein und setze den Teigling mit dem Schluss nach unten in die Kastenform. Decke diesen ab und lasse das Rosinenbrot an einem warmen Ort für 25 Minuten gehen.

6 Backe das Rosinenbrot für 35 Minuten. Wird die Oberfläche des Brotes während des Backens zu dunkel, kannst du diese mit Alufolie abdecken. Prüfe mit der Stäbchenprobe, ob das Rosinenbrot durchgebacken ist.

PORTIONEN
1

ZUBEREITUNGSZEIT
30 MIN.

PASSIVE ZEIT
2 STD.

BACKZEIT
35 MIN.

NÄHRWERTE PRO 100 G

Energie	Fett	Kohlen-hydate	davon mehr-wertige Alkohole	davon Zucker	Eiweiß
267 kcal	7,3 g	48,0 g	4,5 g	10,2 g	6,7 g

POPCORN

ZUTATEN

Für das Popcorn:

50 g Popcorn Mais
45 g Erythrit
2 TL Rapsöl

ZUBEREITUNG

1 Gib alle Zutaten in einen kleinen Topf und erhitze diesen. Lege den Deckel auf den Topf.

2 Wenn die Maiskörner anfangen aufzupoppen, dann reduziere die Hitze und bewege den Topf vorsichtig hin und her, bis alle Maiskörner aufgeplatzt sind. Fülle das Popcorn sofort in eine Schüssel um.

PORTIONEN
1

ZUBEREITUNGSZEIT
15 MIN.

PASSIVE ZEIT
–

BACKZEIT
–

NÄHRWERTE PRO 100 G

Energie	Fett	Kohlenhydate	davon mehrwertige Alkohole	davon Zucker	Eiweiß
208 kcal	6,9 g	77,0 g	45,0 g	0,7 g	4,4 g

BIENENSTICH MUFFINS

ZUTATEN

Für den Teig:

250 g Dinkelmehl Type 630
115 g Milch
45 g Butter, weich
50 g Datteln, getrocknet
15 g Hefe, frisch
1 Prise Salz

Für den Belag:

40 g Erythrit
20 g Butter
20 g Sahne
35 g Mandeln, gestiftelt
35 g Mandeln, gehobelt

Für die Vanillecreme:

250 g Milch
30 g Puder-Erythrit
1 Eigelb, Größe M
25 g Maisstärke
1 Stk. Vanilleschote, das Mark davon

PORTIONEN
7

ZUBEREITUNGSZEIT
45 MIN.

PASSIVE ZEIT
65 MIN.

BACKZEIT
20 MIN.

ZUBEREITUNG

1. Püriere die Datteln in der Milch und knete beides mit den restlichen Zutaten 5 Minuten lang zu einem Teig. Decke diesen ab und lasse ihn an einem warmen Ort für 45 Minuten ruhen, bis er sich sichtbar vergrößert hat.

2. Verrühre alle Zutaten für die Vanillecreme mit einem Schneebesen in einem Topf und lasse die Creme unter ständigem Rühren aufkochen. Rühre drei Minuten bei mittlerer Hitze weiter. Fülle die Vanillecreme um, decke sie ab und lass sie abkühlen. Stelle sie nach dem Abkühlen in den Kühlschrank.

3. Portioniere 65 g schwere Teiglinge und forme diese zu Kugeln. Setze diese in Muffin-Manschetten, decke sie ab und lasse sie nochmal 20 Minuten ruhen. Schmilz in der Zwischenzeit die Butter mit dem Erythrit in einem Topf. Rühre die Sahne und die Mandeln unter und lasse die Masse abkühlen.

4. Heize den Ofen auf 160 °C Umluft vor.

5. Feuchte die Teiglinge nun mit etwas Wasser an und bestreue sie mit dem Belag. Drücke den Belag etwas an und lasse die Muffins für 20 Minuten backen. Halbiere die Muffins nach dem Auskühlen horizontal und fülle sie mit der Vanillecreme.

NÄHRWERTE PRO PORTION

Energie	Fett	Kohlenhydate	davon mehrwertige Alkohole	davon Zucker	Eiweiß
347 kcal	17,4 g	47,9 g	9,9 g	8,4 g	9,7 g

WILDHEIDELBEER MUFFINS

TIPP: ALTERNATIV KANNST DU AUCH ANDERE FRÜCHTE DEINER WAHL BENUTZEN.

ZUTATEN

Für die Muffins:

225 g Dinkelmehl Type 630
125 g Erythrit
8 g Weinstein Backpulver
150 g Schmand
70 g Rapsöl
2 Eier, Größe M
160 g Wildheidelbeeren

ZUBEREITUNG

1 Heize den Ofen auf 180 °C Ober- und Unterhitze vor.

2 Verrühre zunächst die trockenen Zutaten in einer Schüssel. Mische den Schmand, das Rapsöl und die Eier und vermenge diese mit den trockenen Zutaten. Verrühre die Masse, bis sie homogen ist. Rühre zum Schluss die Wildheidelbeeren vorsichtig unter.

3 Fülle die Muffinmasse in vorbereitete Manschetten und backe sie für 35 Minuten. Überprüfe mit der Stäbchenprobe, ob die Muffins durchgebacken sind.

PORTIONEN
9

ZUBEREITUNGSZEIT
10 MIN.

PASSIVE ZEIT
–

BACKZEIT
35 MIN.

NÄHRWERTE PRO PORTION

Energie	Fett	Kohlen-hydrate	davon mehr-wertige Alkohole	davon Zucker	Eiweiß
248 kcal	16,4 g	34,2 g	13,9 g	2,1 g	5,1 g

BUCHTELN MIT SCHOKOLADENSTÜCKCHEN

ZUTATEN

Für den Teig:

430 g Dinkelmehl Type 630
175 g Milch
80 g Datteln, getrocknet
70 g Butter, weich
1 Ei, Größe M
3 g Salz
30 g Hefe, frisch
100 g Zartbitter-Schokolade ohne Zuckerzusatz

ZUBEREITUNG

1 Hacke die Schokolade mit einem Messer klein.

2 Püriere die Datteln in der Milch und knete beides mit den restlichen Zutaten 5 Minuten lang zu einem Teig. Gib kurz vor Knetzeit-Ende die Schokoladensplitter hinzu. Decke den Teig ab und lasse ihn an einem warmen Ort für 45 Minuten ruhen, bis er sich sichtbar vergrößert hat.

3 Fette eine Auflaufform (ca. 25 x 20 cm) ein.

4 Wiege 80 g schwere Teiglinge ab und forme diese rund. Lege die 11 Teiglinge versetzt in die Auflaufform. Decke die Form ab und lasse die Buchteln an einem warmen Ort nochmal 30 Minuten gehen.

5 Heize den Ofen auf 180 °C Ober- und Unterhitze vor.

6 Backe die Buchteln für 25 Minuten. Überprüfe mit der Stäbchenprobe, ob die Buchteln durchgebacken sind.

PORTIONEN
11

ZUBEREITUNGSZEIT
25 MIN.

PASSIVE ZEIT
75 MIN.

BACKZEIT
25 MIN.

NÄHRWERTE PRO PORTION

Energie	Fett	Kohlenhydate	davon mehrwertige Alkohole	davon Zucker	Eiweiß
262 kcal	10,1 g	36,8 g	0,1 g	6,3 g	6,8 g

ZIMTKEKSE

ZUTATEN

Für den Mürbeteig:

190 g Dinkelmehl Type 630
120 g Erythrit
120 g Butter
6 g Weinstein Backpulver
1 Ei, Größe M
1 Prise Salz

Außerdem:

25 g Erythrit
5 g Zimt, gemahlen

ZUBEREITUNG

1 Heize den Ofen auf 175 °C Ober- und Unterhitze vor.

2 Schneide die Butter in Stücke und vermenge sie mit den restlichen Zutaten.

3 Portioniere den Teig in 6 gleich große Stücke. Forme die einzelnen Mürbe-Teiglinge zu Kugeln und drücke diese platt (Durchmesser etwa 8–9 cm).

4 Mische das Erythrit mit dem Zimt und wende die plattgedrückten Teiglinge darin. Lege die Kekse auf ein mit Backpapier ausgelegtes Backblech und backe sie für 18 Minuten.

5 Wichtig ist, dass die Zimtkekse nur am Rand bräunen und nicht ganzflächig dunkler werden.

PORTIONEN
6

ZUBEREITUNGSZEIT
25 MIN.

PASSIVE ZEIT
–

BACKZEIT
18 MIN.

NÄHRWERTE PRO 100 G

Energie	Fett	Kohlen-hydate	davon mehr-wertige Alkohole	davon Zucker	Eiweiß
272 kcal	17,4 g	48,1 g	24,2 g	0,8 g	5,1 g

SCHOKOLADEN KEKSE

ZUTATEN

Für den Mürbeteig:

185 g Dinkelmehl Type 630
80 g Butter
70 g Erythrit
12 g Kakaopulver, schwach entölt
3 g Weinstein Backpulver
1 Prise Salz
70 g Zartbitter-Schokolade ohne Zuckerzusatz

ZUBEREITUNG

1 Heize den Ofen auf 180 °C Ober- und Unterhitze vor.

2 Hacke die Schokolade mit einem Messer klein. Schneide die Butter in Stücke und verknete sie mit den restlichen Zutaten.

3 Forme eine Rolle mit dem Durchmesser 5 cm. Lege die Teigrolle für eine Stunde in den Kühlschrank.

4 Schneide aus der Teigrolle 1 cm dicke Kekse. Lege die Kekse auf ein mit Backpapier ausgelegtes Backblech und backe sie für 15 Minuten.

PORTIONEN
14

ZUBEREITUNGSZEIT
15 MIN.

PASSIVE ZEIT
1 STD.

BACKZEIT
16 MIN.

NÄHRWERTE PRO 100 G

Energie	Fett	Kohlenhydate	davon mehrwertige Alkohole	davon Zucker	Eiweiß
110 kcal	6,8 g	15,6 g	5,4 g	0,5 g	2,1 g

ERDNUSSBUTTER MUFFINS

ZUTATEN

Für die Muffins:

160 g Erdnussmus, crunchy*
30 g Butter, weich
140 g Erythrit
2 Eier, Größe M
250 g Milch
350 g Dinkelmehl Type 630
10 g Weinstein Backpulver
100 g Zartbitter-Schokolade ohne Zuckerzusatz

Außerdem:

80 g Zartbitter-Schokolade ohne Zuckerzusatz

* Je nach Hersteller kann es zu einer anderen Konsistenz der Füllung kommen. Dann die Masse gegebenenfalls vor dem Verarbeiten kurz anfrieren.

ZUBEREITUNG

1 Heize den Ofen auf 180 °C Umluft vor.

2 Verrühre die Butter mit dem Erdnussmus und füge das Erythrit und die Eier hinzu. Rühre die Zutaten zu einer homogenen Masse. Mische das Mehl mit dem Backpulver und gebe es im Wechsel mit der Milch zu der Erdnussmusmasse. Hacke die Schokolade mit einem Messer in kleine Stücke und rühre diese unter die Muffinmasse.

3 Fülle die Masse in vorbereitete Muffin-Manschetten und backe sie für 25 Minuten.

4 Schmilz die Schokolade für das Dekor vorsichtig über dem Wasserbad. Sprenkle die Schokolade mit einem Löffel über die ausgekühlten Muffins.

PORTIONEN
12

ZUBEREITUNGSZEIT
15 MIN.

PASSIVE ZEIT
–

BACKZEIT
25 MIN.

NÄHRWERTE PRO PORTION

Energie	Fett	Kohlenhydate	davon mehrwertige Alkohole	davon Zucker	Eiweiß
265 kcal	15,6 g	37,4 g	12,8 g	2,5 g	6,6 g

NUSSKNACKER

ZUTATEN

Für den Mürbeteig:

170 g Dinkelmehl Type 630
50 g Butter
25 g Puder-Erythrit

Für den Karamell:

100 g Haselnüsse ohne Haut
40 g Wasser
40 g Erythrit
0,5 Teelöffel Zimt, gemahlen

Außerdem:

120 g Zartbitter-Schokolade ohne Zuckerzusatz

PORTIONEN
6

ZUBEREITUNGSZEIT
45 MIN.

PASSIVE ZEIT
2 STD.

BACKZEIT
27 MIN.

ZUBEREITUNG

1. Schneide die Butter für den Mürbeteig in Stücke und verknete diese mit den restlichen Zutaten. Stelle den Teig zwei Stunden kühl.

2. Heize den Ofen auf 180 °C Ober- und Unterhitze vor.

3. Rolle den Teig 4 mm dick aus. Stich 7 cm große Kreise aus. Setze diese auf ein mit Backpapier ausgelegtes Blech und backe sie für 15 Minuten.

4. Röste nach dem Backen der Taler die Haselnüsse bei gleicher Temperatur für 12 Minuten im Ofen, bis sie goldbraun sind.

5. Stelle nun den Karamell her. Bringe das Wasser, das Erythrit und den Zimt in einer beschichteten Pfanne zum Kochen. Gib die gerösteten Haselnüsse dazu und lasse alles zusammen einreduzieren. Rühre dabei stetig um. Es muss noch Flüssigkeit in der Pfanne bleiben, denn das ist das zuckerfreie Karamell, das die Nüsse auf deinen Talern zusammenhält.

6. Gib die Nüsse vorsichtig auf die Mürbeteigtaler. Jetzt kannst du einen Klecks Karamell mit einem Esslöffel auf die Taler geben und dann die Nüsse darauf verteilen. Schiebe die Nüsse nicht zu oft hin und her, denn sonst kristallisiert das Erythrit nach dem Erkalten schneller aus. Lasse die Nusstaler abkühlen.

7. Schmilz währenddessen die Schokolade über dem Wasserbad. Lege einen Nusstaler vorsichtig in die Schokolade. Drücke ihn leicht nach unten, sodass der Mürbeteig komplett mit Schokolade bedeckt ist und auch die Nüsse am Rand schokoliert sind. Hebe den Nussknacker mit einer Gabel aus der Schokolade und setze ihn auf Backpapier ab. Lasse die Schokolade anziehen, bis sie fest ist und bewahre die Nussknacker in einer Dose auf.

NÄHRWERTE PRO 100 G

Energie	Fett	Kohlenhydate	davon mehrwertige Alkohole	davon Zucker	Eiweiß
291 kcal	24,7 g	24,6 g	12,6 g	1,6 g	5,4 g

BANANEN-WALNUSS WAFFELN

ZUTATEN

Für den Teig:

1 Banane
1 Spritzer Zitronensaft
200 g Dinkelmehl Type 630
8 g Weinstein Backpulver
50 g Walnüsse
80 g Erythrit
3 Eier, Größe M
30 g Wasser
125 g Butter

ZUBEREITUNG

1 Mahle die Walnüsse in einer Moulinette fein.

2 Zerdrücke die Banane mit einer Gabel und mische einen Spritzer Zitronensaft darunter.

3 Mische das Dinkelmehl mit dem Backpulver, den gemahlenen Walnüssen und dem Erythrit. Füge dann die restlichen Zutaten hinzu und verrühre die Masse.

4 Gib pro Waffel 3 Esslöffel Teig in das Waffeleisen und backe die Waffel goldbraun aus.

PORTIONEN
6

ZUBEREITUNGSZEIT
15 MIN.

PASSIVE ZEIT
–

BACKZEIT
–

NÄHRWERTE PRO PORTION

Energie	Fett	Kohlen-hydate	davon mehr-wertige Alkohole	davon Zucker	Eiweiß
288 kcal	25,9 g	42,7 g	13,4 g	4,5 g	9,1 g

OFEN-DONUTS

ZUTATEN

Für den Teig:

300 g Dinkelmehl Type 630
185 g Milch
60 g Datteln, getrocknet
2 Eigelbe, Größe M
25 g Butter, weich
10 g Hefe, frisch
1 Prise Salz

Außerdem:

80 g Zartbitter-Schokolade ohne Zuckerzusatz

ZUBEREITUNG

1 Püriere die Datteln in der Milch und knete beides mit den restlichen Zutaten 5 Minuten lang zu einem Teig. Decke diesen ab und lasse ihn an einem warmen Ort für 45 Minuten ruhen, bis er sich sichtbar vergrößert hat.

2 Rolle den Teig 1 cm dick aus und steche Kreise mit dem Durchmesser 7 cm aus. Steche mittig der Teigtaler einen weiteren Kreis mit dem Durchmesser 2 cm aus. Lege die Donut-Rohlinge in Donut-Silikonformen und decke diese ab. Lasse die Donuts für 30 Minuten ruhen.

3 Heize den Ofen auf 180 °C Ober- und Unterhitze vor.

4 Backe die Donuts für 12 Minuten. Überprüfe mit der Stäbchenprobe, ob die Donuts durchgebacken sind.

5 Stürze die Donuts sofort aus der Form und lasse sie auskühlen. Schmilz die Schokolade über dem Wasserbad und tauche die Oberseite der Donuts darin ein.

PORTIONEN
15

ZUBEREITUNGSZEIT
30 MIN.

PASSIVE ZEIT
75 MIN.

BACKZEIT
12 MIN.

NÄHRWERTE PRO 100 G

Energie	Fett	Kohlenhydate	davon mehrwertige Alkohole	davon Zucker	Eiweiß
132 kcal	4,7 g	19,3 g	0,5 g	3,6 g	3,6 g

MACADAMIA KEKSE

ZUTATEN

Für den Teig:

160 g Dinkelmehl Type 630
3 g Weinstein Backpulver
1 Ei, Größe M
75 g Macadamia Nüsse
110 g weiße Schokolade ohne Zuckerzusatz
65 g Zartbitter-Schokolade ohne Zuckerzusatz
140 g Butter
70 g Erythrit

ZUBEREITUNG

1 Heize den Ofen auf 180 °C Ober- und Unterhitze vor.

2 Hacke die Schokoladen und die Nüsse grob in Stücke.

3 Schlage die Butter mit dem Erythrit mithilfe einer Küchenmaschine auf. Füge das Ei hinzu und rühre so lange weiter, bis eine homogene Masse entsteht. Rühre dann das Mehl und das Backpulver unter. Füge die helle und dunkle Schokolade sowie die Macadamianüsse hinzu.

4 Portioniere aus der Teigmasse 50 g schwere Teig-Portionen. Forme diese jeweils zu einer Kugel und drücke sie dann 1 cm dick platt. Lege die Kekse auf ein mit Backpapier ausgelegtes Backblech.

4 Backe die Kekse für 16 Minuten. Nimm sie aus dem Ofen, wenn der Rand anfängt sich zu bräunen.

PORTIONEN
12

ZUBEREITUNGSZEIT
25 MIN.

PASSIVE ZEIT
–

BACKZEIT
16 MIN.

NÄHRWERTE PRO 100 G

Energie	Fett	Kohlenhydate	davon mehrwertige Alkohole	davon Zucker	Eiweiß
253 kcal	21,1 g	20,7 g	8,8 g	1,7 g	4,0 g

SCHNELLE UND EINFACHE KUCHEN

FÜR JEDEN TAG

QUARK-MOHN KUCHEN

ZUTATEN

Für die Quarkmasse:

200 g Magerquark
200 g Erythrit
200 g Dinkelmehl Type 630
150 g Rapsöl
160 g Mohn, gemahlen
5 Eier, Größe M
80 g Milch
14 g Weinstein Backpulver
1 Prise Salz

Außerdem:

120 g Puder-Erythrit
40 g Zitronensaft

ZUBEREITUNG

1 Heize den Ofen auf 180 °C Ober- und Unterhitze vor.

2 Trenne die Eier und schlage das Eigelb mit dem Erythrit schaumig. Mische das Öl mit dem Quark und der Milch, rühre anschließend die Zutaten nach und nach unter die Eimasse. Mische zum Schluss das Mehl, den Mohn und das Backpulver und füge die Zutaten zur Quarkmasse hinzu.

3 Schlage das Eiweiß mit einer Prise Salz zu Eischnee und hebe diesen unter die Quarkmasse.

4 Fülle die Quarkmasse in einen Backrahmen (25 x 25 cm) und streiche sie glatt. Backe den Kuchen für 30 Minuten.

5 Lasse den Kuchen nach dem Backen auskühlen. Verrühre das Puder-Erythrit mit dem Zitronensaft. Streiche die Glasur gleichmäßig auf den Kuchen.

PORTIONEN
20

ZUBEREITUNGSZEIT
30 MIN.

PASSIVE ZEIT
–

BACKZEIT
30 MIN.

NÄHRWERTE PRO PORTION

Energie	Fett	Kohlenhydate	davon mehrwertige Alkohole	davon Zucker	Eiweiß
170 kcal	12,6 g	24,7 g	16,0 g	0,9 g	5,5 g

APFEL-HAFER KUCHEN

ZUTATEN

Für die Masse:

200 g Haferflocken
160 g Apfelmark
4 Eier, Größe M
110 g Milch
85 g Erythrit
65 g Walnüsse, gemahlen
70 g Dinkelvollkornmehl
400 g Äpfel
5 g Zimt, gemahlen
12 g Weinstein Backpulver
1 Prise Salz

ZUBEREITUNG

1 Heize den Ofen auf 180 °C Ober- und Unterhitze vor und lege eine 30 cm lange Kastenform mit Backpapier aus.

2 Mische die trockenen Zutaten.

3 Trenne die Eier und verrühre das Eigelb mit dem Apfelmark und der Milch. Rühre die trockenen Zutaten unter die Eimasse.

4 Viertel die Äpfel, entkerne sie und hobel sie in feine Spalten. Rühre die Apfelspalten unter die Kuchenmasse.

5 Schlage das Eiweiß mit einer Prise Salz zu Eischnee. Hebe den Eischnee unter die Masse und fülle diese im Anschluss in die Kastenform.

6 Backe den Kuchen für 50 Minuten und prüfe mit der Stäbchenprobe, ob der Kuchen durchgebacken ist.

PORTIONEN
1

ZUBEREITUNGSZEIT
25 MIN.

PASSIVE ZEIT
–

BACKZEIT
50 MIN.

NÄHRWERTE PRO 100 G

Energie	Fett	Kohlenhydate	davon mehrwertige Alkohole	davon Zucker	Eiweiß
159 kcal	6,7 g	25,2 g	6,5 g	5,8 g	6,0 g

BIRNEN-WALNUSS KUCHEN

ZUTATEN

Für den Teig:

125 g Butter, weich
80 g Erythrit
2 Eier, Größe M
75 g Zartbitter-Schokolade ohne Zuckerzusatz
100 g Milch
125 g Walnüsse
125 g Dinkelmehl Type 630
8 g Weinstein Backpulver
2 Birnen

PORTIONEN
1

ZUBEREITUNGSZEIT
30 MIN.

PASSIVE ZEIT
–

BACKZEIT
60 MIN.

ZUBEREITUNG

1 Heize den Ofen auf 180 °C Ober- und Unterhitze vor.

2 Hacke die Schokolade und die Nüsse grob in Stücke.

3 Schlage die Butter mit dem Erythrit mithilfe einer Küchenmaschine auf. Füge die Eier hinzu und schlage so lange weiter, bis eine homogene Masse entsteht.

4 Mische das Mehl und das Backpulver und rühre es im Wechsel mit der Milch unter die Buttermasse. Rühre zum Schluss die Walnüsse und die Schokolade unter.

5 Viertel die Birnen und entferne das Kerngehäuse.

6 Fette eine Kastenform (25 cm) ein. Fülle die Hälfte der Sandmasse in die Form und streiche sie glatt. Drücke die Birnen in die Kuchenmasse und lasse etwas Platz am Rand. Bedecke dann die Birnen mit der restlichen Sandmasse und streiche diese glatt.

7 Backe den Kuchen für 60 Minuten. Decke diesen nach der Hälfte der Backzeit mit Alufolie ab, damit die Gebäckoberfläche nicht zu stark bräunt. Prüfe am Backende mit der Stäbchenprobe, ob der Kuchen durchgebacken ist.

8 Stürze den Kuchen nach dem Backen aus der Form und lasse ihn abkühlen.

NÄHRWERTE PRO 100 G

Energie	Fett	Kohlenhydate	davon mehrwertige Alkohole	davon Zucker	Eiweiß
243 kcal	17,5 g	24,1 g	7,8 g	6,9 g	5,2 g

ZITRONEN-BISKUITROLLE

ZUTATEN

Für den Biskuit:

4 Eier, Größe M
80 g Erythrit
65 g Dinkelmehl Type 630
25 g Maisstärke
1 TL Weinstein Backpulver

Für die Füllung:

200 g Quark 20 % Fett i. Tr.
200 g Naturjoghurt
80 g Puder-Erythrit
5 Blatt Gelatine
1 Zitrone
200 g Sahne

Außerdem:

200 g Sahne
20 g Puder-Erythrit
Zitronenmelisse

ZUBEREITUNG

1 Heize den Ofen auf 180 °C Ober- und Unterhitze vor.

2 Siebe das Mehl, die Maisstärke und das Backpulver und mische alles in einer Schüssel.

3 Trenne die Eier und schlage das Eigelb mit 40 g Erythrit in einer Küchenmaschine auf. Schlage nebenbei das Eiklar mit dem restlichen Erythrit zu Eischnee.

4 Hebe den Eischnee unter die Eigelbmasse und meliere zum Schluss die Mehlstoffe unter. Streiche den Biskuit auf ein mit Backpapier ausgelegtes Backblech und backe ihn für 10 Minuten. Lasse den Biskuit nach dem Backen auskühlen und löse ihn vorsichtig vom Backpapier.

5 Weiche für die Füllung die Gelatine in kaltem Wasser ein. Schlage die Sahne mit dem Erythrit auf. Reibe die Schale der Zitrone ab und presse sie aus. Verrühre den Saft und den Abrieb mit dem Quark und dem Joghurt. Gib ein Drittel davon in einen kleinen Topf. Drücke die Gelatine aus und erwärme sie im Topf auf ca. 45 °C. Rühre die gelöste Gelatine unter die restliche Quark-Joghurtmasse. Hebe die Sahne unter und streiche die Quarkmasse auf den Biskuit. Lasse dabei 1 cm am Rand frei. Rolle den Biskuit auf und setze die Rolle mit dem Schluss nach unten auf Backpapier ab. Stelle die Biskuitrolle 3 Stunden kühl.

6 Schlage nach dem Abkühlen die Sahne mit dem Erythrit auf und streiche die Biskuitrolle damit ein. Garniere die Zitronen-Biskuitrolle mit Zitronenmelisse.

PORTIONEN
12

ZUBEREITUNGSZEIT
45 MIN.

PASSIVE ZEIT
3 STD.

BACKZEIT
10 MIN.

NÄHRWERTE PRO PORTION

Energie	Fett	Kohlenhydrate	davon mehrwertige Alkohole	davon Zucker	Eiweiß
180 kcal	13,2 g	24,2 g	15,0 g	2,6 g	5,9 g

MANDELKUCHEN MIT KIRSCHEN

ZUTATEN

Für den Teig:

120 g Erythrit
150 g Dinkelmehl Type 630
140 g Mandeln, gemahlen
250 g Milch
70 g Mandelmus*
10 g Weinstein Backpulver
2 g Zimt, gemahlen
1 Prise Salz
150 g TK-Sauerkirschen

* Je nach Hersteller kann es zu einer anderen Konsistenz der Füllung kommen. Dann die Masse gegebenenfalls vor dem Verarbeiten kurz anfrieren.

ZUBEREITUNG

1 Heize den Ofen auf 160 °C Umluft vor und fette eine 20er Springform ein.

2 Verrühre die Milch mit dem Mandelmus. Füge die restlichen Zutaten, außer die Sauerkirschen, hinzu und rühre alles glatt. Hebe die Kirschen unter die Kuchenmasse.

3 Fülle die Masse in die Springform und backe den Kuchen für 40 Minuten. Prüfe mit der Stäbchenprobe, ob der Mandelkuchen durchgebacken ist.

PORTIONEN
8

ZUBEREITUNGSZEIT
20 MIN.

PASSIVE ZEIT
–

BACKZEIT
40 MIN.

NÄHRWERTE PRO PORTION

Energie	Fett	Kohlenhydate	davon mehrwertige Alkohole	davon Zucker	Eiweiß
258 kcal	15,6 g	34,0 g	15,1 g	5,0 g	10,0 g

MAULWURFKUCHEN CUPCAKES

ZUTATEN

Für den Teig:

200 g Mandeln, gemahlen
4 Eier, Größe M
100 g Zartbitter-Schokolade ohne Zuckerzusatz
100 g Erythrit
100 g Butter, weich
5 g Weinstein Backpulver
1 Prise Salz

Für die Füllung:

2 Bananen
250 g Sahne
20 g Puder-Erythrit

ZUBEREITUNG

1 Heize den Ofen auf 180 °C Ober- und Unterhitze vor.

2 Trenne die Eier und schmilz die Schokolade. Schlage die weiche Butter mit dem Erythrit auf. Gib das Eigelb nach und nach dazu. Rühre dann die gemahlenen Mandeln und das Backpulver unter. Füge die geschmolzene Schokolade hinzu. Schlage das Eiklar zu Eischnee und hebe es unter die Buttermasse.

3 Fülle die Masse in die Muffin-Manschetten und backe sie 25 Minuten.

4 Schneide nach dem Auskühlen 2 Bananen in je 6 Stücke. Schlage die Sahne mit dem Puder-Erythrit auf. Höhle die Muffins mit einem Teelöffel mittig aus. Lege ein Stück Banane ein und dressiere die Sahne darauf. Verteile dann die restlichen Schokokrümel auf den Cupcakes.

PORTIONEN
12

ZUBEREITUNGSZEIT
45 MIN.

PASSIVE ZEIT
3 STD.

BACKZEIT
10 MIN.

NÄHRWERTE PRO PORTION

Energie	Fett	Kohlenhydate	davon mehrwertige Alkohole	davon Zucker	Eiweiß
180 kcal	13,2 g	24,2 g	15,0 g	2,6 g	5,9 g

ERDBEER-GRIESSKUCHEN

ZUTATEN

Für die Grießmasse:

250 g Milch
2 Eier, Größe M
220 g Erythrit
100 g Dinkelmehl Type 630
1 g Weinstein Backpulver
8 g Kakaopulver, schwach entölt
100 g Dinkelgrieß
250 g Haselnüsse, gemahlen

Außerdem:

500 g Erdbeeren
250 g heller Tortenguss ohne Zuckerzusatz
50 g Erdbeerkonfitüre ohne Zuckerzusatz (optional)

ZUBEREITUNG

1 Heize den Ofen auf 180 °C Ober- und Unterhitze vor.

2 Verrühre die Eier mit der Milch. Mische die trockenen Zutaten. Füge diese den flüssigen Rohstoffen hinzu und verrühre alles miteinander.

3 Lege den Boden einer 26er Springform mit Backpapier aus und fette den Springformrand ein. Fülle die Kuchenmasse ein und backe sie für 45 Minuten. Bräunt die Oberfläche des Kuchens beim Backen zu stark, kannst du diese mit Alufolie abdecken. Teste mit der Stäbchenprobe, ob der Kuchen durchgebacken ist.

4 Lasse den Grießkuchen nach dem Backen auskühlen. Löse den Springformring nicht vom Kuchen. Optional kannst du nun die Kuchenoberfläche mit Erdbeerkonfitüre bestreichen. Die sorgt dann dafür, dass die Erdbeeren auf dem Kuchen besser haften bleiben.

5 Wasche die Erdbeeren und halbiere sie. Belege den Grießkuchen damit gleichmäßig.

6 Stelle den hellen Tortenguss nach Packungsanleitung her und verteile ihn mit einem Pinsel auf den Erdbeeren. Stell den Kuchen eine halbe Stunde kühl. Schneide mit einem Messer den Rand zwischen Springform und Kuchen an. Entferne nun vorsichtig den Ring und setze den Grießkuchen auf einen Tortenteller.

PORTIONEN
14

ZUBEREITUNGSZEIT
35 MIN.

PASSIVE ZEIT
–

BACKZEIT
45 MIN.

NÄHRWERTE PRO PORTION

Energie	Fett	Kohlenhydate	davon mehrwertige Alkohole	davon Zucker	Eiweiß
206 kcal	13,0 g	31,5 g	15,7 g	4,9 g	6,4 g

SCHOKOLADEN-GUGELHUPF

ZUTATEN

Für den Teig:

220 g Butter, weich
160 g Erythrit
4 Eier, Größe M
265 g Dinkelmehl Type 630
35 g Kakaopulver, schwach entölt
12 g Weinstein-Backpulver
220 g Hafermilch, ungesüßt
180 g Zartbitter-Schokolade ohne Zuckerzusatz
1 Prise Salz

Außerdem:

150 g Zartbitter-Schokolade ohne Zuckerzusatz
10 g Kokosöl

PORTIONEN
14

ZUBEREITUNGSZEIT
35 MIN.

PASSIVE ZEIT
–

BACKZEIT
45 MIN.

ZUBEREITUNG

1 Heize den Ofen auf 160 °C Umluft vor.

2 Fette und bemehle eine Gugelhupfform mit dem Durchmesser 22 cm. Hacke die Schokolade mit einem Messer in kleine Stücke.

3 Schlage die weiche Butter mit dem Erythrit in einer Küchenmaschine auf. Trenne die Eier. Füge das Eigelb nach und nach zur aufgeschlagenen Buttermasse hinzu und rühre so lange weiter, bis eine homogene Masse entstanden ist.

4 Mische das Dinkelmehl mit dem Backpulver und dem Backkakao. Rühre die trockenen Rohstoffe im Wechsel mit der Hafermilch unter die Buttermasse. Rühre die gehackte Schokolade unter. Schlage das Eiweiß mit einer Prise Salz auf und hebe den Eischnee unter die Kuchenmasse.

5 Fülle die Masse in die vorbereitete Springform und backe den Kuchen 55 Minuten. Bedecke nach der Hälfte der Backzeit den Gugelhupf mit Alufolie, damit er von oben nicht zu stark bräunt. Prüfe mit der Stäbchenprobe, ob der Kuchen durchgebacken ist.

6 Stürze den Kuchen nach dem Backen vorsichtig aus der Form und lasse ihn auf einem Gitterblech auskühlen. Schmilz die Schokolade mit dem Kokosöl über dem Wasserbad. Übergieße den Kuchen mit der Glasur und lasse die Schokolade fest werden.

NÄHRWERTE PRO PORTION

Energie	Fett	Kohlenhydate	davon mehrwertige Alkohole	davon Zucker	Eiweiß
206 kcal	13,0 g	31,5 g	15,7 g	4,9 g	6,4 g

KOKOSKUCHEN

TIPP: BESONDERS LECKER SCHMECKT DER SAFTIGE KOKOSKUCHEN, WENN DU IHN EINE NACHT IM KÜHLSCHRANK VERWEILEN LÄSST.

ZUTATEN

Für den Teig:

90 g Butter, weich
100 g Erythrit
2 Eier, Größe M
130 g Dinkelmehl Type 630
5 g Weinstein-Backpulver
25 g Kokosflocken
100 g Kokosmilch (aus der Dose mit maximal 20 % Fett)

Für die Tränke:

25 g Kokosmilch
5 g Erythrit

Außerdem:

15 g Kokosflocken

ZUBEREITUNG

1 Heize den Ofen auf 170 °C Ober- und Unterhitze vor.

2 Lege eine Springform mit dem Durchmesser 20 cm mit Backpapier aus und fette den Rand ein.

3 Schlage die Butter mit dem Erythrit in der Küchenmaschine auf. Füge nach und nach die Eier hinzu, bis eine homogene Masse entsteht. Mische das Dinkelmehl mit dem Backpulver und den Kokosflocken. Rühre die trockenen Rohstoffe im Wechsel mit der Kokosmilch unter die Buttermasse.

4 Fülle die Kuchenmasse in die vorbereitete Springform und backe sie 45 Minuten. Überprüfe mit der Stäbchenprobe, ob der Kuchen durchgebacken ist.

4 Koche die Kokosmilch und das Erythrit kurz auf. Tränke die Oberfläche des noch heißen Kuchens damit. Verziere den Kuchen mit Kokosflocken.

PORTIONEN
8

ZUBEREITUNGSZEIT
25 MIN.

PASSIVE ZEIT
–

BACKZEIT
45 MIN.

NÄHRWERTE PRO 100 G

Energie	Fett	Kohlenhydate	davon mehrwertige Alkohole	davon Zucker	Eiweiß
226 kcal	17,4 g	26,1 g	13,1 g	1,0 g	4,3 g

SCHOKOLADEN-KIRSCHKUCHEN MIT SCHMAND

ZUTATEN

Für die Sandmasse:

170 g Butter, weich
155 g Erythrit
3 Eier, Größe L
145 g Dinkelmehl Type 630
18 g Kakaopulver, schwach entölt
4 g Weinstein Backpulver

Für das Kirschragout:

200 g Trauben-Direktsaft
10 g Maisstärke
300 g TK-Sauerkirschen

Für die Füllung:

225 g Sahne
240 g Schmand
50 g Puder-Erythrit
3 Blatt Gelatine

PORTIONEN
12

ZUBEREITUNGSZEIT
40 MIN.

PASSIVE ZEIT
4 STD.

BACKZEIT
30 MIN.

ZUBEREITUNG

1 Heize den Ofen auf 160 °C Ober- und Unterhitze vor.

2 Fette eine 22er Springform ein. Schlage die Butter mit dem Erythrit auf und füge nach und nach die Eier hinzu, bis eine homogene Masse entstanden ist.

3 Mische das Dinkelmehl mit dem Kakaopulver und dem Backpulver und rühre die Zutaten kurz unter die Buttermasse. Fülle die Kuchenmasse in die Springform und backe sie für 30 Minuten.

4 Löse nach dem Backen den Ring der Springform. Lasse den Kuchen auskühlen und koche in der Zeit das Kirschragout. Verrühre dafür den Saft mit der Maisstärke und koche diesen auf. Rühre die Kirschen unter den Saft. Streiche das Ragout noch heiß auf den Boden und lass alles abkühlen.

5 Weiche die Gelatine in kaltem Wasser ein. Schlage die Sahne mit dem Puder-Erythrit auf. Gib 70 g Schmand mit der ausgedrückten Gelatine in einen Topf und erwärme die Masse auf 45 °C. Verrühre sie danach zügig mit dem restlichen Schmand und hebe die Sahne unter. Verteile die Schmandmasse auf dem Kirschragout und stelle den Kuchen 4 Stunden kühl.

6 Löse den Tortenring und teile den Kuchen in 12 Stücke.

NÄHRWERTE PRO PORTION

Energie	Fett	Kohlenhydate	davon mehrwertige Alkohole	davon Zucker	Eiweiß
309 kcal	24,5 g	33,8 g	17,1 g	6,1 g	5,1 g

BANANA-SPLIT KUCHEN

ZUTATEN

Für die Sandmasse:

150 g Butter
130 g Erythrit
250 g Banane
3 Eier, Größe M
250 g Dinkelmehl Type 630
10 g Weinstein Backpulver
130 g Zartbitter-Schokolade ohne Zuckerzusatz

Außerdem:

60 g Zartbitter-Schokolade ohne Zuckerzusatz
15 g Haselnüsse, gehackt

ZUBEREITUNG

1 Heize den Ofen auf 160 °C Ober- und Unterhitze vor.

2 Hacke die Schokolade mit einem Messer in Stücke und zerdrücke die Banane.

3 Schlage die Butter mit dem Erythrit in einer Küchenmaschine auf. Rühre das Bananenmark unter. Mische das Mehl mit dem Backpulver und rühre es im Wechsel mit den Eiern unter die Buttermasse. Hebe zum Schluss die gehackte Schokolade unter.

4 Fette eine Kastenform (25 cm) und fülle die Sandmasse ein. Streiche die Kuchenmasse glatt.

5 Backe den Kuchen 60 Minuten und decke ihn nach 40 Minuten mit Alufolie ab, damit er von oben nicht zu stark bräunt.

6 Stürze den Kuchen nach dem Backen aus der Form und lasse ihn auskühlen. Schmilz die Schokolade über dem Wasserbad und bestreiche den Kuchen damit. Streue die gehackten Nüsse darauf.

PORTIONEN
12

ZUBEREITUNGSZEIT
25 MIN.

PASSIVE ZEIT
–

BACKZEIT
60 MIN.

NÄHRWERTE PRO PORTION

Energie	Fett	Kohlen-hydate	davon mehr-wertige Alkohole	davon Zucker	Eiweiß
273 kcal	18,2 g	33,9 g	12,2 g	4,5 g	5,5 g

BUTTERKUCHEN

ZUTATEN

Für den Teig:

375 g Dinkelmehl Type 630
42 g Hefe, frisch
60 g Datteln, getrocknet
1 Ei, Größe M
200 g Milch
50 g Butter, weich
2 g Salz

Außerdem:

150 g Butter
150 g Erythrit
100 g Mandeln, gehobelt

ZUBEREITUNG

1. Püriere die Datteln in der Milch und knete beides mit den restlichen Zutaten 5 Minuten lang zu einem Teig. Decke diesen ab und lass ihn an einem warmen Ort für 45 Minuten ruhen, bis er sich sichtbar vergrößert hat.

2. Heize den Ofen auf 200 °C Ober- und Unterhitze vor.

3. Rolle den Hefeteig auf einem mit Backpapier belegten Blech aus. Der Teig ist weicher und du kannst ihn auch mit den Fingern vorsichtig in die richtige Richtung drücken. Decke den Teig nochmal ab und lasse ihn für 10 Minuten ruhen.

4. Drücke mit den Fingern Mulden in den Teig, mit einem Abstand von ca. 4 cm. Verteile die 150 g Butter in Flocken darauf und bestreue den Kuchen mit Erythrit und Mandeln. Backe den Butterkuchen für 15 Minuten.

PORTIONEN
20

ZUBEREITUNGSZEIT
30 MIN.

PASSIVE ZEIT
55 MIN.

BACKZEIT
15 MIN.

NÄHRWERTE PRO 100 G

Energie	Fett	Kohlenhydrate	davon mehrwertige Alkohole	davon Zucker	Eiweiß
192 kcal	11,9 g	24,4 g	7,5 g	2,0 g	4,5 g

SCHOKOLADEN-KÄSEKUCHEN

ZUTATEN

Für die Streusel:

120 g Butter
160 g Dinkelmehl Type 630
25 g Kakaopulver, schwach entölt
100 g Erythrit

Für die Käsekuchenmasse:

300 g Sahne
125 g Mascarpone
250 g Quark
60 g Puder-Erythrit
150 g Zartbitter-Schokolade ohne Zuckerzusatz
3 Blatt Gelatine

ZUBEREITUNG

1 Heize den Ofen auf 180 °C Ober- und Unterhitze vor.

2 Schneide die Butter in Stücke und verknete sie mit den restlichen Zutaten zu Streuseln. Drücke die Streusel als Boden in eine Form (ca. 26 x 26 cm). Backe die Streusel für 25 Minuten und lasse sie dann auskühlen.

3 Verrühre die Mascarpone, das Puder-Erythrit und den Quark. Schlage die Sahne auf und hebe sie unter die Quarkmasse.

4 Weiche die Gelatine in kaltem Wasser ein und schmilz die Schokolade über dem Wasserbad. Drücke die Gelatine gut aus und erwärme sie mit 100 g Sahnemasse auf 45 °C. Rühre das Gemisch unter die restliche Sahnemasse.

5 Rühre im Anschluss die geschmolzene Schokolade unter. Verstreiche die Masse auf den Streuseln und stelle den Käsekuchen 3 Stunden kühl, bis er schnittfest ist.

PORTIONEN
18

ZUBEREITUNGSZEIT
25 MIN.

PASSIVE ZEIT
3 STD.

BACKZEIT
25 MIN.

NÄHRWERTE PRO PORTION

Energie	Fett	Kohlenhydrate	davon mehrwertige Alkohole	davon Zucker	Eiweiß
207 kcal	17,1 g	18,8 g	9,7 g	1,8 g	4,0 g

BACKEN FÜR BESONDERE ANLÄSSE

MANDARINEN-KÄSE SAHNETORTE

ZUTATEN

Für den Biskuit:

4 Eier, Größe M
120 g Erythrit
90 g Dinkelmehl Type 630
50 g Maisstärke
80 g Butter, flüssig

Für die Sahnefüllung:

700 g Magerquark
Abrieb von einer Zitrone
450 g Sahne
120 g Puder-Erythrit
8 Blatt Gelatine

Außerdem:

3 Dosen Mandarinen ohne Zuckerzusatz (Abtropfgewicht 175 g)
1 Päckchen heller Tortenguss ohne Zuckerzusatz

PORTIONEN
14

ZUBEREITUNGSZEIT
1 STD.

PASSIVE ZEIT
6 STD.

BACKZEIT
40 MIN.

ZUBEREITUNG

1 Heize den Ofen auf 180 °C Ober- und Unterhitze vor und lege den Boden einer 22er Springform mit Backpapier aus.

2 Schlage die Eier mit dem Erythrit auf, bis das Ei Konturen zieht. Mische und siebe das Mehl mit der Stärke. Hebe die Mehlmischung unter die aufgeschlagenen Eier und meliere zum Schluss die Butter. Gib die Masse in die Springform und streiche sie glatt.

3 Backe den Biskuit für 40 Minuten und lasse ihn auskühlen. Schneide den Biskuit einmal waagerecht in zwei Böden.

4 Lass die Mandarinen abtropfen und fang das Mandarinenwasser auf. Tränke den Tortenboden damit und stelle einen 24er Tortenring um den Biskuitboden. Gib die Mandarinen zurück ins Abtropfwasser und stelle sie kühl. Verrühre für die Sahnefüllung den Magerquark mit dem Zitronenabrieb.

5 Weiche die Gelatine in kaltem Wasser ein und schlage die Sahne mit dem Puder-Erythrit auf. Erwärme 120 g Quark mit der ausgedrückten Gelatine in einem Topf auf 45 °C und verrühre das Gemisch im Anschluss mit dem restlichen Quark. Hebe die Sahne unter. Gib die Masse auf den Tortenboden und streiche sie glatt.

6 Lege den zweiten Biskuitboden auf und drücke ihn leicht in die Quarkmasse. Tränke ihn mit dem Mandarinenwasser und stelle die Torte für 6 Stunden kühl. Belege die Torte mit Mandarinen und koche den Tortenguss nach Packungsanleitung mit Puder-Erythrit. Glänze die Mandarinen damit ab und lasse den Guss fest werden. Löse den Tortenring mit einem Messer und stelle die Torte auf einen Tortenteller.

NÄHRWERTE PRO PORTION

Energie	Fett	Kohlenhydate	davon mehrwertige Alkohole	davon Zucker	Eiweiß
244 kcal	16,9 g	30,7 g	17,0 g	5,5 g	11,7 g

CAPPUCCINO TORTE

ZUTATEN

Für den Biskuit:

3 Eier, Größe M
4 TL Instant Kaffeepulver
110 g Erythrit
60 g Dinkelmehl Type 630

Für die Mascarponecreme:

250 g Mascarpone
200 g Sahne
45 g Puder-Erythrit
3 TL Instant Kaffeepulver
2 Blatt Gelatine

Für den Milchschaum:

100 g Milch
2 Eiweiße, Größe M
40 g Puder-Erythrit
90 g Sahne
3 Blatt Gelatine
1 Stk. Vanilleschote, das Mark davon

Außerdem:

Kakaopulver, schwach entölt

PORTIONEN
14

ZUBEREITUNGSZEIT
50 MIN.

PASSIVE ZEIT
6 STD.

BACKZEIT
30 MIN.

ZUBEREITUNG

1 Heize den Ofen auf 180 °C Ober- und Unterhitze vor und lege den Boden einer 22er Springform mit Backpapier aus.

2 Schlage die Eier für den Biskuit mit dem Kaffeepulver und dem Erythrit auf, bis das Ei Konturen zieht. Siebe das Mehl und hebe es unter die Eimasse. Fülle die Biskuitmasse in die Springform und streiche sie glatt. Backe den Biskuit für 30 Minuten und lass ihn im Anschluss auskühlen.

3 Weiche die Gelatine für die Mascarponecreme in kaltem Wasser ein. Verrühre die Sahne auf niedrigster Stufe mit dem Kaffeepulver, bis das Kaffeepulver sich gelöst hat. Füge die Mascarpone und das Puder-Erythrit hinzu und schlage alles auf, bis die Creme standfest ist.

4 Nimm 2 Esslöffel der Creme ab und erwärme sie mit der ausgedrückten Gelatine in einem Topf auf 45 °C. Rühre das Gemisch unter die restliche Mascarpone-Sahne-Creme. Streiche die Creme auf den Biskuit, der sich in der Springform befindet.

5 Kühle die Torte und bereite in der Zwischenzeit den Milchschaum vor. Weiche dafür die Gelatine in kaltem Wasser ein. Kratze die Vanilleschote aus und erwärme das Mark der Vanilleschote mit der ausgedrückten Gelatine und der Milch auf 40 °C. Schlage die Sahne mit dem Puder-Erythrit auf. Schlage das Eiweiß zu Eischnee. Hebe zunächst die Sahne unter die Milch und dann den Eischnee. Gib den Milchschaum auf die Mascarponecreme und streiche ihn glatt.

6 Stelle die Torte 6 Stunden kühl, bis sie schnittfest ist. Löse die Springform und siebe die Torte vor dem Verzehr mit Kakaopulver ab.

NÄHRWERTE PRO PORTION

Energie	Fett	Kohlenhydate	davon mehrwertige Alkohole	davon Zucker	Eiweiß
180 kcal	15,6 g	19,2 g	13,9 g	2,2 g	4,6 g

JOHANNISBEER-BAISER TORTE

TIPP: ERSETZE DIE JOHANNISBEEREN DURCH FRISCHE HIMBEEREN. DIE SÄUERLICHE HIMBEERE HARMONIERT SEHR GUT MIT DER SÜSSEN BAISERMASSE.

ZUTATEN

Für den Mürbeteig:

300 g Dinkelmehl Type 630
150 g Butter
85 g Puder-Erythrit
1 Ei, Größe M

Für die Baisermasse:

5 Eiweiße, Größe M
150 g Erythrit
1 Prise Salz
30 g Maisstärke
500 g rote Johannisbeeren

PORTIONEN
14

ZUBEREITUNGSZEIT
45 MIN.

PASSIVE ZEIT
4 STD.

BACKZEIT
80 MIN.

ZUBEREITUNG

1 Heize den Ofen auf 180 °C Ober- und Unterhitze vor.

2 Schneide die Butter für den Mürbeteig in Stücke und verknete sie mit den restlichen Zutaten. Stelle den Teig zwei Stunden kühl.

3 Lege den Boden einer Springform (Durchmesser 28 cm) mit Backpapier aus und fette den Rand. Rolle den Mürbeteig ca. 3–4 mm dick aus und lege ihn in die Form. Schneide für den Rand schmale Streifen aus dem ausgerollten Mürbeteig aus und lege diese in der Form am Rand an. Drücke die Streifen mit den Händen leicht an. Piekse den Boden mit einer Gabel ein und backe den Mürbeteig für 20 Minuten. Wichtig ist, dass er nicht bräunt, aber auch nicht mehr glänzt.

4 Wasche in der Zwischenzeit die Johannisbeeren und streife sie von den Rispen. Schlage das Eiweiß mit dem Salz auf. Wenn es anfängt Konturen zu ziehen, gib nach und nach das Erythrit hinzu. Wenn der Eischnee Stand hat, rühre die Maisstärke unter. Mische zwei Drittel des Eischnees mit den Johannisbeeren und verstreiche diesen gleichmäßig auf den vorgebackenen Mürbeteigboden. Verteile den restlichen Eischnee darauf und streiche ihn glatt.

5 Backe die Torte für weitere 60 Minuten. Decke nach den ersten 10 Minuten des Backvorgangs die Tortenoberfläche mit Alufolie ab. Lasse die Torte nach dem Backen auskühlen und stelle sie für 2 Stunden kühl.

NÄHRWERTE PRO PORTION

Energie	Fett	Kohlenhydate	davon mehrwertige Alkohole	davon Zucker	Eiweiß
180 kcal	9,5 g	35,6 g	16,6 g	2,1 g	4,7 g

SCHWARZWÄLDER-KIRSCHTORTE

ZUTATEN

Für den Biskuit:

5 Eier, Größe M
150 g Erythrit
130 g Dinkelmehl Type 630
30 g Kakaopulver, schwach entölt
50 g Butter, flüssig

Für das Kirschragout:

125 g Trauben-Direktsaft
10 g Maisstärke
200 g Sauerkirschen

Für die Sahnefüllung:

1 Liter Sahne
60 g Puder-Erythrit
8 Blatt Gelatine

Für die Tränke:

50 g Wasser
50 g Kirschwasser

Außerdem:

frische Kirschen
50 g Zartbitter-Schokolade ohne Zuckerzusatz

PORTIONEN
14

ZUBEREITUNGSZEIT
50 MIN.

PASSIVE ZEIT
6 STD.

BACKZEIT
30 MIN.

ZUBEREITUNG

1 Heize den Ofen auf 190 °C Ober- und Unterhitze vor. Fette den Rand einer 22er Springform ein und lege den Boden mit Backpapier aus.

2 Schlage die Eier für den Biskuit mit dem Erythrit auf. Schmilz die Butter und lasse sie etwas abkühlen. Siebe das Mehl sowie das Kakaopulver und hebe diese unter die aufgeschlagenen Eier. Lasse zum Schluss die Butter in einem dünnen Strahl einlaufen und meliere sie vorsichtig unter die Biskuitmasse.

3 Backe den Biskuit für 30 Minuten. Decke ihn nach der Hälfte der Backzeit mit Alufolie ab. Lasse den Biskuit nach dem Backen auskühlen und schneide ihn waagerecht in zwei Teile. Lege den unteren Tortenboden auf eine Tortenplatte und stell einen Tortenring darum (24 cm).

4 Verrühre für das Kirschragout den Saft mit der Maisstärke und koche alles in einem Topf auf. Rühre die Kirschen unter. Decke das Ragout ab und stell es beiseite.

5 Weiche die Gelatine für die Sahnefüllung in kaltem Wasser ein. Schlage die Sahne mit dem Puder-Erythrit auf. Erwärme 150 g der Sahne mit der ausgedrückten Gelatine in einem Topf auf 45 °C. Rühre dieses Gemisch unter die restliche Sahne.

6 Mische für die Tränke das Kirschwasser mit dem Wasser und verteile 50 g mit einem Backpinsel auf dem unteren Tortenboden. Verteile das Kirschragout auf dem Boden. Streiche die Hälfte der Sahnefüllung auf den Boden glatt. Lege den zweiten Tortenboden auf und tränke diesen mit dem Kirschwasser. Streiche dann die restliche Sahnefüllung auf.

7 Stell die Torte 6 Stunden kühl, bis sie schnittfest ist. Löse den Ring und garniere die Torte mit Kirschen und geraspelter Schokolade.

NÄHRWERTE PRO PORTION

Energie	Fett	Kohlenhydate	davon mehrwertige Alkohole	davon Zucker	Eiweiß
351 kcal	29,6 g	28,5 g	15,2 g	5,6 g	7,5 g

SPANISCHE VANILLETORTE

ZUTATEN

Für die Sandmasse:

4 Eier, Größe M
110 g Puder-Erythrit
160 g Marzipan ohne Zuckerzusatz
65 g Butter, weich
1 Stk. Vanilleschote, das Mark davon
40 g Mandeln, gehobelt
75 g Zartbitter-Schokolade ohne Zuckerzusatz
80 g Dinkelmehl Type 630

Außerdem:

60 g Aprikosenmarmelade ohne Zuckerzusatz
150 g Marzipan ohne Zuckerzusatz
Puder-Erythrit zum Ausrollen
200 g Zartbitter-Schokolade ohne Zuckerzusatz
10 Kokosöl
8 Mandeln

PORTIONEN
8

ZUBEREITUNGSZEIT
1 STD.

PASSIVE ZEIT
1 STD.

BACKZEIT
50 MIN.

ZUBEREITUNG

1 Heize den Ofen auf 180 °C Ober- und Unterhitze vor und fette eine 20er Springform ein.

2 Trenne die Eier, hacke die Schokolade mit einem Messer in kleinere Stücke und kratze die Vanilleschote aus. Schneide das Marzipan in Stücke und verrühre es in einer Küchenmaschine mit der Butter und dem Mark der Vanilleschote. Füge die Hälfte des Puder-Erythrits hinzu und rühre nach und nach die Eigelbe unter. Mische die Mandeln mit der Schokolade und dem Mehl. Schlage das Eiweiß mit dem restlichen Puder-Erythrit zu Eischnee und hebe diesen unter die Eigelbmasse. Hebe zum Schluss das Mehlgemisch unter die Eimasse und fülle die Kuchenmasse in die vorbereitete Springform. Streiche sie glatt und backe sie 50 Minuten.

3 Löse den Kuchen nach dem Backen aus der Form und lass ihn auskühlen.

4 Schmilz die Schokolade mit dem Kokosöl über dem Wasserbad. Streiche den Kuchen mit der Aprikosenmarmelade ein, sowohl oben als auch an der Seite. Rolle das Marzipan mit etwas Puder-Erythrit aus und decke die Torte damit ein. Setze die spanische Vanilletorte auf ein Gitter und überziehe sie mit der Schokolade.

5 Setze die Torte auf eine Tortenplatte und lasse die Schokolade fest werden. Schneide sie dann mit einem warmen Messer in 8 Stücke und dekoriere sie am Rand jeweils mit einer Mandel.

NÄHRWERTE PRO PORTION

Energie	Fett	Kohlenhydate	davon mehrwertige Alkohole	davon Zucker	Eiweiß
496 kcal	37,0 g	46,3 g	18,1 g	3,6 g	12,6 g

SCHOKOLADEN-MOUSSE TORTE

ZUTATEN

Für den Biskuit:

4 Eier, Größe M
120 g Erythrit
80 g Dinkelmehl Type 630
30 g Kakaopulver, schwach entölt
5 g Backpulver
50 g Zartbitter-Schokolade ohne Zuckerzusatz

Für die Mousse:

3 Eier, Größe M
150 g Erythrit
3 Blatt Gelatine
300 g Zartbitter-Schokolade ohne Zuckerzusatz
600 g Sahne

Außerdem:

90 g Milch
90 g Zartbitter-Schokolade ohne Zuckerzusatz
Himbeeren

PORTIONEN
16

ZUBEREITUNGSZEIT
45 MIN.

PASSIVE ZEIT
5 STD.

BACKZEIT
30 MIN.

ZUBEREITUNG

1 Heize den Ofen auf 180 °C Ober- und Unterhitze vor. Fette den Rand einer 22er Springform ein und lege den Boden mit Backpapier aus.

2 Schlage die Eier mit dem Erythrit auf und hacke die Schokolade in kleine Stücke. Siebe das Mehl mit dem Kakaopulver und dem Backpulver und meliere alles mit der Schokolade unter die aufgeschlagenen Eier. Fülle die Biskuitmasse in den Tortenring, streiche sie glatt und backe sie 30 Minuten.

3 Löse den Biskuitboden nach dem Backen aus der Form und setze ihn auf eine Tortenplatte. Stelle einen Tortenring (24 cm) darum.

4 Weiche für das Mousse die Gelatine in kaltem Wasser ein. Schmilz die Schokolade über dem Wasserbad und schlage die Sahne auf. Mische die Eier mit dem Erythrit und schlage sie in einer Küchenmaschine auf. Drücke die Gelatine gut aus und löse sie in der warmen Schokolade. Rühre das Schokoladen-Gemisch unter die aufgeschlagenen Eier und hebe zum Schluss die Sahne unter. Verstreiche das Schokoladenmousse auf dem Biskuit.

5 Stelle die Torte 5 Stunden kühl, bis sie schnittfest ist. Koche in der Zwischenzeit die Ganache. Koche dafür die Milch auf und rühre die gehackte Schokolade ein. Löse die Torte vom Ring und verteile die Ganache frei auf der Tortenoberfläche. Sie kann auch dekorativ am Rand herunterlaufen. Garniere die Torte mit Himbeeren.

NÄHRWERTE PRO PORTION

Energie	Fett	Kohlenhydate	davon mehrwertige Alkohole	davon Zucker	Eiweiß
283 kcal	24,7 g	27,7 g	19,3 g	2,7 g	6,8 g

KINDER TORTE

ZUTATEN

Für den Biskuit:

4 Eier, Größe M
120 g Erythrit
90 g Dinkelmehl Type 630
50 g Maisstärke
80 g Butter, flüssig

Für die Vanillecreme:

500 g Milch
100 g Puder-Erythrit
2 Eigelbe, Größe M
40 g Maisstärke
4 Blatt Gelatine
1 Stk. Vanilleschote, das Mark davon
400 g Sahne

Außerdem:

650 g Früchte
1 Päckchen heller Tortenguss ohne Zuckerzusatz

PORTIONEN
14

ZUBEREITUNGSZEIT
1 STD.

PASSIVE ZEIT
12 STD.

BACKZEIT
40 MIN.

ZUBEREITUNG

1 Weiche die Gelatine für die Vanillecreme in kaltem Wasser ein. Kratze die Vanilleschote aus und koche das Mark der Vanilleschote mit der Milch, dem Puder-Erythrit, dem Eigelb und der Maisstärke unter ständigem Rühren auf. Wenn der Pudding kocht, rühre bei mittlerer Hitze zwei Minuten weiter. Drücke die Gelatine aus und rühre sie in die Vanillecreme. Decke die Vanillecreme ab und lasse sie auf 45 °C abkühlen.

2 Heize den Ofen auf 180 °C Ober- und Unterhitze vor und lege den Boden einer 22er Springform mit Backpapier aus.

3 Schlage die Eier mit dem Erythrit auf, bis das Ei Konturen zieht. Mische das Mehl mit der Stärke und siebe die Mehlstoffe. Meliere sie unter die aufgeschlagenen Eier und hebe zum Schluss die Butter vorsichtig unter. Gib die Masse in die Springform und streiche sie glatt. Backe den Biskuit 40 Minuten und lasse ihn dann auskühlen. Schneide ihn waagerecht einmal mittig durch und lege die untere Seite in die Springform.

4 Schlage nun die Sahne für die Creme auf. Rühre die Vanillecreme nochmal durch und hebe sie unter die Sahne. Behalte 8 Esslöffel zurück und stelle diese kühl. Streiche die Hälfte der Vanillecreme auf den Biskuit und deckel sie mit dem anderen Biskuit. Verteile die restliche Creme darauf und streiche sie glatt.

5 Stelle die Torte über Nacht kühl und löse danach den Tortenring. Halbiere die Torte so, dass zwei Halbkreise entstehen. Drehe die Halbkreise mit der Rundung zueinander hin. Schneide etwas oberhalb der Mitte beider Halbkreise rechts und links ein kleines Dreieck raus, um den oberen und unteren Flügel zu trennen. Rühre die restliche Vanillecreme durch, damit sie weicher wird und streiche den Tortenrand damit ein.

6 Belege die Torte kreativ mit Früchten. Koche den Tortenguss nach Packungsanleitung mit Puder-Erythrit und glänze die Früchte damit ab.

NÄHRWERTE PRO PORTION

Energie	Fett	Kohlenhydate	davon mehrwertige Alkohole	davon Zucker	Eiweiß
272 kcal	17,8 g	37,7 g	15,7 g	6,2 g	6,2 g

JOGHURT TORTE

ZUTATEN

Für den Biskuit:

2 Eier, Größe M
2 Eigelbe, Größe M
2 Eiweiße, Größe M
45 g Erythrit
50 g Dinkelmehl Type 630
1 Prise Salz

Für die Joghurt-Sahnecreme:

400 g Naturjoghurt
75 g Puder-Erythrit
20 g Zitronensaft
160 g Sahne
4 Blatt Gelatine

Außerdem:

30 g Zartbitter-Schokolade ohne Zuckerzusatz
500 g Himbeeren

ZUBEREITUNG

1 Heize den Ofen auf 180 °C Ober- und Unterhitze vor und lege den Boden einer 22er Springform mit Backpapier aus.

2 Schlage die beiden ganzen Eier und die zwei Eigelb mit dem Erythrit auf, bis das Ei Konturen zieht. Siebe das Mehl und schlage das Eiweiß mit dem Salz zu Eischnee.

3 Hebe zunächst den Eischnee unter die Eigelbmasse. Meliere dann das Mehl. Fülle die Biskuitmasse in die Springform und streiche sie glatt. Backe den Biskuit für 25 Minuten, löse ihn aus der Form und lasse ihn auskühlen.

4 Schmilz die Schokolade über dem Wasserbad und bestreiche damit die Oberseite des Biskuits. Lass die Schokolade fest werden und setze dann den Biskuit mit der schokolierten Seite nach unten in die Springform.

5 Weiche die Gelatine in kaltem Wasser ein. Schlage die Sahne mit dem Puder-Erythrit auf. Erwärme 3 Esslöffel Joghurt mit dem Zitronensaft und der ausgedrückten Gelatine in einem Topf auf 45 °C und verrühre das Gemisch mit dem restlichen Joghurt. Hebe im Anschluss die Sahne unter. Verteile die Masse auf dem Biskuit und streiche sie glatt.

6 Belege die Torte mit Himbeeren und stelle sie für 2 Stunden kühl, bis sie schnittfest ist.

PORTIONEN
14

ZUBEREITUNGSZEIT
35 MIN.

PASSIVE ZEIT
2 STD.

BACKZEIT
25 MIN.

NÄHRWERTE PRO PORTION

Energie	Fett	Kohlenhydate	davon mehrwertige Alkohole	davon Zucker	Eiweiß
123 kcal	7,5 g	17,8 g	8,8 g	3,6 g	4,8 g

SACHER TORTE

ZUTATEN

Für die Sachermasse:

145 g Butter, weich
185 g Erythrit
25 g Rum
7 Eier, Größe M
145 g Zartbitter-Schokolade ohne Zuckerzusatz
145 g Dinkelmehl Type 630
5 g Weinstein Backpulver
15 g Kakaopulver, schwach entölt

Außerdem:

200 g Aprikosenmarmelade ohne Zuckerzusatz
150 g Zartbitter-Schokolade ohne Zuckerzusatz
100 g Sahne

PORTIONEN
16

ZUBEREITUNGSZEIT
50 MIN.

PASSIVE ZEIT
–

BACKZEIT
65 MIN.

ZUBEREITUNG

1 Heize den Ofen auf 180 °C Ober- und Unterhitze vor. Fette eine 22er Springform ein und lege den Boden mit Backpapier aus.

2 Schmilz die Schokolade über dem Wasserbad.

3 Trenne die Eier und schlage die Butter mit 100 g Erythrit auf. Füge die Eigelbe und den Rum hinzu. Schlage die Eiweiße mit dem restlichen Erythrit zu Eischnee. Mische das Mehl mit dem Backpulver und dem Kakaopulver. Rühre die Schokolade unter die Butter-Eigelb-Masse. Hebe den Eischnee im Wechsel mit den trockenen Zutaten unter die Schokoladenmasse.

4 Fülle die Sachermasse in die Springform, streiche sie glatt und backe sie für 45 Minuten. Stelle den Ofen die letzten 15 Minuten auf Umluft. Bräunt die Sachertorte während des Backens zu stark, kannst du sie mit Alufolie abdecken. Löse den Kuchen nach dem Backen aus der Form und lasse ihn auskühlen.

5 Schneide ihn zweimal waagerecht durch, sodass 3 Böden entstehen. Lege den unteren Boden zurück in die Springform und bestreiche ihn mit 100 g Marmelade. Lege den zweiten Boden auf und bestreiche auch diesen mit 100 g Marmelade. Setze nun den letzten Schokoladenboden auf und drücke ihn leicht an.

6 Stelle die Torte kurz kühl und koche in der Zeit die Ganache. Bringe dafür die Sahne zum Kochen und rühre die gehackte Schokolade ein. Setze die Sachertorte auf ein Gitter, überziehe sie mit der Ganache und setze sie auf eine Tortenplatte.

NÄHRWERTE PRO PORTION

Energie	Fett	Kohlenhydate	davon mehrwertige Alkohole	davon Zucker	Eiweiß
234 kcal	18,8 g	26,4 g	15,8 g	2,4 g	5,5 g

MASCARPONE-BROMBEER TORTE

ZUTATEN

Für den Biskuit:

4 Eier, Größe M
100 g Erythrit
55 g Maisstärke
40 g Dinkelmehl Type 630
15 g Kakaopulver, schwach entölt

Für die Mascarponecreme:

500 g Mascarpone
350 g Sahne
70 g Puder-Erythrit
1 Espresso
2 Blatt Gelatine

Außerdem:

400 g Brombeeren
50 g Espresso
Kakaopulver, schwach entölt zum Absieben

ZUBEREITUNG

1 Heize den Ofen auf 180 °C Ober- und Unterhitze vor. Fette den Rand einer 22er Springform ein und lege den Boden mit Backpapier aus.

2 Schlage die Eier mit dem Erythrit auf und siebe die restlichen Zutaten in eine separate Schüssel. Hebe die gesiebten Zutaten unter die aufgeschlagenen Eier. Fülle die Biskuitmasse in den Tortenring, streiche die Masse glatt und backe sie für 30 Minuten.

3 Tränke den Boden nach dem Backen mit Espresso. Verteile die Brombeeren auf dem Boden. Löse den Springformring nicht von dem Biskuit.

4 Weiche die Gelatine in kaltem Wasser ein. Schlage die restlichen Zutaten für die Mascarponecreme zusammen auf, bis die Creme standfest ist. Erwärme zwei Esslöffel der Creme in einem Topf mit der ausgedrückten Gelatine auf 45 °C. Rühre diese Mischung unter die restliche Mascarpone-Sahnecreme und streiche sie auf den Biskuit.

5 Stelle die Torte für 6 Stunden kühl, bis sie schnittfest ist.
Löse die Springform und siebe die Torte mit Kakaopulver ab.

PORTIONEN
14

ZUBEREITUNGSZEIT
45 MIN.

PASSIVE ZEIT
6 STD.

BACKZEIT
30 MIN.

NÄHRWERTE PRO PORTION

Energie	Fett	Kohlenhydrate	davon mehrwertige Alkohole	davon Zucker	Eiweiß
288 kcal	24,7 g	23,3 g	12,0 g	4,0 g	5,4 g

NUSS SAHNETORTE

ZUTATEN

Für den Biskuit:

6 Eier, Größe M
180 g Erythrit
125 g Mandeln, gemahlen
125 g Dinkelmehl Type 630
5 Weinstein Backpulver

Für die Sahnefüllung:

750 g Sahne
6 Eigelbe, Größe M
120 g Puder-Erythrit
8 Blatt Gelatine
225 g Haselnüsse, gehackt und geröstet
14 Walnüsse, ganz

Außerdem:

200 g Marzipan ohne Zuckerzusatz
100 g Himbeermarmelade ohne Zuckerzusatz
250 g Haselnüsse, gehackt und geröstet
150 g Sahne
100 g Puder-Erythrit

PORTIONEN
14

ZUBEREITUNGSZEIT
1 STD.

PASSIVE ZEIT
6 STD.

BACKZEIT
40 MIN.

ZUBEREITUNG

1 Heize den Ofen auf 180 °C Ober- und Unterhitze vor. Fette eine 22er Springform ein und lege den Boden mit Backpapier aus.

2 Schlage die Eier mit dem Erythrit auf. Siebe das Mehl mit dem Backpulver und meliere beides mit den Mandeln unter die aufgeschlagenen Eier. Fülle die Biskuitmasse in den Tortenring, streiche sie glatt und backe sie 40 Minuten.

3 Löse den Biskuitboden nach dem Backen aus der Form und lass ihn auskühlen. Schneide den Biskuit einmal mittig waagerecht durch und lege den unteren Boden auf eine Tortenplatte. Stelle einen Tortenring (24 cm) darum.

4 Bestreiche den Biskuit mit 50 g Himbeermarmelade. Weiche die Gelatine für die Sahnefüllung in kaltem Wasser ein und schlage die Sahne mit dem Puder-Erythrit auf. Schlage die Eigelbe über dem Wasserbad auf und erwärme sie auf 40 °C. Drücke die Gelatine aus und löse sie in den warmen Eigelben. Füge die Nüsse hinzu und hebe zum Schluss die geschlagene Sahne unter. Streiche die Hälfte der Füllung auf den Biskuit, lege den zweiten Biskuit auf und bestreiche diesen wieder mit Marmelade. Gib die restliche Sahnefüllung auf den Biskuit und streiche sie glatt.

5 Stelle die Torte 6 Stunden kühl und löse sie danach aus dem Ring. Rolle das Marzipan aus und steche einen Deckel mit dem Durchmesser 24 cm aus. Zeichne mit einem Messer 14 Tortenstücke an.

6 Lege die Marzipandecke auf die Torte. Schlage die Sahne mit dem Puder-Erythrit auf und verziere die Tortenstücke mit Rosetten. Gib die gehackten Haselnüsse an den Rand der Torte und veredle jede Rosette mit einer Walnuss.

NÄHRWERTE PRO PORTION

Energie	Fett	Kohlenhydate	davon mehrwertige Alkohole	davon Zucker	Eiweiß
657 kcal	57,3 g	47,6 g	30,3 g	5,0 g	17,5 g

TARTE AU CHOCOLAT

ZUTATEN

Für den Mürbeteig:

250 g Dinkelmehl Type 630
160 g Butter
85 g Puder-Erythrit

Für die Schokoladencreme:

240 g Sahne
240 g Milch
6 Eigelbe, Größe M
40 g Puder-Erythrit
3 Blatt Gelatine
210 g Zartbitter-Schokolade ohne Zuckerzusatz

Außerdem:

Beerenfrüchte
Zartbitter-Schokolade ohne Zuckerzusatz

ZUBEREITUNG

1 Schneide die Butter für den Mürbeteig in Stücke und verknete sie mit den restlichen Zutaten. Stelle den Teig zwei Stunden kühl.

2 Heize den Ofen auf 180 °C Ober- und Unterhitze vor.

3 Rolle den Teig 3 mm dick aus und lege ihn in eine gefettete und bemehlte Tarteform (30 cm Durchmesser). Backe die Tarte für 25 Minuten und löse sie nach dem Auskühlen vorsichtig aus der Form.

4 Weiche die Gelatine in kaltem Wasser ein. Bring die Milch, das Erythrit und die Sahne zum Kochen und ziehe dann den Topf vom Herd. Gleiche das Eigelb unter ständigem Rühren mit einem Teil der Milchmischung an. Gib alles zusammen in die restliche Flüssigkeit und verrühre alles. Drück die Gelatine aus und rühre sie unter die Milchmasse. Brich die Schokolade in Stücke und verrühre sie mit einem Schneebesen mit der Milchmischung, bis eine homogene Masse entstanden ist.

5 Setze den Mürbeteigboden auf eine Tortenscheibe und fülle die Schokoladencreme ein. Stelle die Tarte in den Kühlschrank und lasse sie über Nacht anziehen. Dekoriere die Tarte vor dem Servieren mit Schokoladenspänen und Beerenfrüchten.

PORTIONEN
16

ZUBEREITUNGSZEIT
30 MIN.

PASSIVE ZEIT
24 STD.

BACKZEIT
25 MIN.

NÄHRWERTE PRO PORTION

Energie	Fett	Kohlenhydate	davon mehrwertige Alkohole	davon Zucker	Eiweiß
259 kcal	20,3 g	23,0 g	9,0 g	1,8 g	5,0 g

ERDBEERHERZ

ZUTATEN

Für den Biskuit:

2 Eier, Größe M
45 g Erythrit
60 g Dinkelmehl Type 630
15 g Butter, flüssig
50 g Zartbitter-Schokolade ohne Zuckerzusatz

Für die Erdbeersahne:

190 g Sahne
95 g Erdbeeren
15 g Puder-Erythrit
2 Blatt Gelatine

Außerdem:

250 g Erdbeeren
1 Päckchen heller Tortenguss ohne Zuckerzusatz
Minzblätter

ZUBEREITUNG

1 Heize den Ofen auf 180 °C Ober- und Unterhitze vor und fette eine Herzbackform (Länge: 24 cm) ein.

2 Hacke die Schokolade für den Biskuit mit einem Messer in kleinere Stücke. Siebe das Mehl. Schlage die Eier mit dem Erythrit auf, bis die Masse Konturen zieht und standfester wird. Hebe das Mehl, die Schokolade und die flüssige Butter vorsichtig unter den Biskuit und fülle ihn in die Backform. Backe den Biskuit 15 Minuten.

3 Püriere die Erdbeeren für die Erdbeersahne und weiche die Gelatine in kaltem Wasser ein. Schlage die Sahne mit dem Puder-Erythrit auf. Erwärme das Erdbeermark mit der Gelatine auf 35–40 °C und hebe die aufgeschlagene Sahne unter. Verteile die Erdbeersahne auf dem Biskuit und kühle das Erdbeerherz für drei Stunden.

4 Putze und halbiere die Erdbeeren. Lege sie dicht an dicht auf das Erdbeerherz. Koche den Tortenguss nach Packungsanleitung mit Puder-Erythrit und glänze die Erdbeeren damit ab. Dekoriere die Torte mit Minzblättern.

PORTIONEN
4

ZUBEREITUNGSZEIT
35 MIN.

PASSIVE ZEIT
3 STD.

BACKZEIT
15 MIN.

NÄHRWERTE PRO PORTION

Energie	Fett	Kohlenhydrate	davon mehrwertige Alkohole	davon Zucker	Eiweiß
408 kcal	25,9 g	51,1 g	15,9 g	10,6 g	8,9 g

DESSERTS

PROFITEROLES

ZUTATEN

Für die Brandmasse:

200 g Wasser
40 g Butter
4 g Salz
160 g Dinkelmehl Type 630
4 Eier, Größe M

Für die Vanillecreme:

375 g Milch
75 g Erythrit
1 Eigelb, Größe M
30 g Maisstärke
1 Stk. Vanilleschote, das Mark davon

Für die Schokoladensoße:

100 g Sahne
70 g Zartbitter-Schokolade ohne Zuckerzusatz

ZUBEREITUNG

1 Koche für die Brandmasse das Wasser mit der Butter und dem Salz kurz auf. Siebe das Mehl. Nimm den Topf vom Herd und füge das gesiebte Mehl hinzu. Rühre mit einem Holzlöffel so lange, bis ein kompakter Teig entstanden ist. Stelle den Topf wieder auf den Herd und stelle mittlere Hitze ein. Röste nun die Brandmasse ab. Hierbei muss die Masse ständig gerührt werden. Unten auf dem Topfboden bildet sich nach einer Zeit ein weißer Belag. Dann rühre noch 2 Minuten weiter und fülle die Brandmasse in eine andere Schüssel um.

2 Lasse die Brandmasse auf 50 °C abkühlen, bevor du sie weiterverarbeitest. Stelle in der Zwischenzeit die Eier bereit und koche die Vanillecreme. Kratze die Vanilleschote aus und koche das Mark der Vanilleschote mit den restlichen Zutaten unter ständigem Rühren auf. Rühre eine Minute weiter und fülle dann die Creme in eine Schüssel um. Decke sie bis zur Weiterverarbeitung ab.

3 Heize den Ofen auf 200 °C Ober- und Unterhitze vor.
Rühre nun nach und nach die Eier unter die Brandmasse. Wichtig ist, dass ein Ei nach dem anderen zugegeben wird und immer erst dann das nächste Ei der Masse zugefügt wird, wenn das vorherige Ei mit der Brandmasse eine homogene Bindung eingegangen ist. Entscheidend ist auch, dass die Eier entweder vorsichtig mit einem Holzlöffel untergehoben oder auf niedrigster Stufe in einer Küchenmaschine untergerührt werden. Eine Brandmasse darf niemals mit schneller Geschwindigkeit aufgeschlagen werden.

4 Fülle die Brandmasse in einen Spritzbeutel mit 16er Lochtülle. Dressiere nun Tupfen (4–5 cm Durchmesser) auf ein mit Backpapier ausgelegtes Backblech. Backe die Windbeutel 35 Minuten.

5 Koche für die Schokoladensoße die Sahne auf und rühre die in Stücke gebrochene Schokolade ein. Stich ein kleines Loch von unten in die Windbeutel und fülle sie mit der Vanillecreme. Richte die Windbeutel auf einem Teller an und reiche die Schokoladensoße dazu.

PORTIONEN
20

ZUBEREITUNGSZEIT
50 MIN.

PASSIVE ZEIT
–

BACKZEIT
35 MIN.

NÄHRWERTE PRO PORTION

Energie	Fett	Kohlenhydrate	davon mehrwertige Alkohole	davon Zucker	Eiweiß
108 kcal	6,6 g	12,8 g	4,1 g	1,5 g	3,4 g

CRÈME BRÛLÉE

TIPP: SÄUERLICHE FRÜCHTE SCHMECKEN EBENFALLS HERVORRAGEND ZU DIESEM DESSERT.

ZUTATEN

Für die Masse:

190 g Sahne
65 g Milch
2 Eigelbe, Größe L
20 g Erythrit
1 Stk. Vanilleschote, das Mark davon

Außerdem:

4 TL Erythrit

ZUBEREITUNG

1 Kratze die Vanilleschote aus. Koche die Milch mit der Sahne und der Vanilleschote auf. Gib sowohl das Mark als auch die Schote in die Milchmischung. Lasse die Vanillemilch über Nacht abgedeckt im Kühlschrank ziehen.

2 Erwärme am nächsten Tag nochmal die Milchmischung mit dem Erythrit und entferne die Vanilleschote. Rühre das Eigelb unter und fülle die Masse in 4 feuerfeste Coquotten. Stelle die Schälchen in eine Auflaufform und fülle diese mit Wasser. Zwei Drittel der Coquotte muss im Wasser stehen. Stocke die Crème Brûlée im Ofen. Sie ist fertig, wenn sie am Rand fester ist und die Masse in der Mitte noch leicht wabbelt.

3 Lasse die Schälchen auskühlen und stelle sie für 3 Stunden in den Kühlschrank. Bestreue jede Crème Brûlée gleichmäßig mit einem Teelöffel Erythrit und flamme sie mit einem kleinen Bunsenbrenner ab.

PORTIONEN
4

ZUBEREITUNGSZEIT
15 MIN.

PASSIVE ZEIT
15 STD.

BACKZEIT
40 MIN.

NÄHRWERTE PRO PORTION

Energie	Fett	Kohlen-hydrate	davon mehr-wertige Alkohole	davon Zucker	Eiweiß
193 kcal	18,6 g	13,1 g	10,0 g	2,8 g	3,4 g

SCHOKOLADEN PANNA COTTA

ZUTATEN

Für die Panna Cotta:

200 g Seidentofu
100 g Mandelmilch, ungesüßt
2 g Agar Agar
10 g Cashewmus*
40 g Erythrit
30 g Zartbitter-Schokolade ohne Zuckerzusatz
1 Stk. Vanilleschote, das Mark davon
45 g Kokosöl

Außerdem:

Beerenfrüchte

* Je nach Hersteller kann es zu einer anderen Konsistenz der Füllung kommen. Dann die Masse gegebenenfalls vor dem Verarbeiten kurz anfrieren.

PORTIONEN
4

ZUBEREITUNGSZEIT
20 MIN.

PASSIVE ZEIT
12 STD.

BACKZEIT
–

ZUBEREITUNG

1 Kratze die Vanilleschote aus und püriere das Mark der Vanilleschote mit den restlichen Zutaten. Koche die Masse unter ständigem Rühren in einem Topf auf. Füge die in Stücke gebrochene Schokolade hinzu. Rühre stetig weiter und lass die Masse 2 Minuten köcheln. Fülle die Panna Cotta in Schälchen ab und stelle sie über Nacht kühl.

2 Bestreue die Schälchen mit Erythrit und flamme sie mit einem kleinen Bunsenbrenner ab. Serviere Beerenfrüchte dazu.

NÄHRWERTE PRO PORTION

Energie	Fett	Kohlenhydate	davon mehrwertige Alkohole	davon Zucker	Eiweiß
176 kcal	16,6 g	13,4 g	10,6 g	1,0 g	3,9 g

KARIBISCHE MOUSSE

ZUTATEN

Für die Mousse:

200 g Mango
30 g Puder-Erythrit
200 g Sahne
3 Blatt Gelatine
30 g Naturjoghurt
25 g Orangen-Direktsaft
3 Maracujas
1 Spritzer Zitronensaft

Außerdem:

Mangowürfel
Zitronenmelisse

ZUBEREITUNG

1 Weiche die Gelatine in kaltem Wasser ein. Schlage die Sahne mit dem Puder-Erythrit auf.

2 Schäle die Mango und schneide 200 g der Mango in kleine Stücke. Schneide die restliche Mango in kleine Würfel und stelle diese beiseite. Püriere die Mangostücke mit dem Joghurt sowie dem Zitronensaft und rühre im Anschluss das Maracuja-Fruchtfleisch unter.

3 Erwärme den Orangensaft mit der ausgedrückten Gelatine auf 45 °C und verrühre den Saft mit der Mango-Joghurt-Mischung. Hebe die Sahne unter und fülle die Mousse in Dessertgläser ab.

4 Stelle die Gläser 5 Stunden kühl und garniere sie vor dem Servieren mit Mangowürfeln und Zitronenmelisse.

PORTIONEN
4

ZUBEREITUNGSZEIT
30 MIN.

PASSIVE ZEIT
5 STD.

BACKZEIT
16 MIN.

NÄHRWERTE PRO PORTION

Energie	Fett	Kohlenhydate	davon mehrwertige Alkohole	davon Zucker	Eiweiß
232 kcal	16,7 g	26,9 g	10,0 g	16,0 g	3,5 g

VANILLE SOUFFLÉ MIT BEEREN

ZUTATEN

Für das Soufflé:

100 g Quark 40 % Fett i. Tr.
25 g Sauerrahm
1 Eigelb, Größe L
4 g Maisstärke
1 Stk. Vanilleschote,
das Mark davon
4 Eiweiße, Größe L
40 g Erythrit

Außerdem:

Puder-Erythrit
Beeren

ZUBEREITUNG

1 Heize den Ofen auf 220 °C Ober- und Unterhitze vor.

2 Kratze die Vanilleschote aus, buttere die Coquotten und streue sie mit Erythrit aus. Verrühre den Quark mit dem Sauerrahm, dem Eigelb, der Stärke und dem Mark der Vanilleschote.

3 Schlage das Eiweiß mit dem Erythrit zu Eischnee und hebe ihn unter die Quarkmasse. Fülle die Masse in die Coquotten und backe sie für 13 Minuten.

4 Siebe das Vanille Soufflé mit Puder-Erythrit ab und serviere es mit Beerenfrüchten.

PORTIONEN
4

ZUBEREITUNGSZEIT
35 MIN.

PASSIVE ZEIT
–

BACKZEIT
13 MIN.

NÄHRWERTE PRO PORTION

Energie	Fett	Kohlenhydrate	davon mehrwertige Alkohole	davon Zucker	Eiweiß
65 kcal	2,8 g	12,9 g	10,0 g	1,9 g	7,3 g

CLAFOUTIS MIT MARILLEN

ZUTATEN

Für die Füllung:

70 g Dinkelmehl Type 630
70 g Erythrit
3 Eier, Größe M
50 g Butter, flüssig
90 g Milch
350 g Marillen

ZUBEREITUNG

1 Heize den Ofen auf 180 °C Ober- und Unterhitze vor und fette eine runde Auflaufform (ca. 20 cm) ein.

2 Verrühre das Mehl mit dem Erythrit. Rühre die flüssige Butter und die Eier unter. Füge zum Schluss die Milch hinzu und verrühre sie.

3 Halbiere die Marillen. Gib die Masse in die Auflaufform und verteile die Marillen gleichmäßig auf der Füllung. Backe den Clafoutis-Auflauf für 30 Minuten.

PORTIONEN
3

ZUBEREITUNGSZEIT
20 MIN.

PASSIVE ZEIT
–

BACKZEIT
30 MIN.

NÄHRWERTE PRO 100 G

Energie	Fett	Kohlenhydate	davon mehrwertige Alkohole	davon Zucker	Eiweiß
168 kcal	8,1 g	21,2 g	9,0 g	4,9 g	4,7 g

APFEL-GRATIN

TIPP: ICH MISCHE MIR GERNE ETWAS ERYTHRIT MIT GEMAHLENEM ZIMT UND STREUE DIESEN VOR DEM BACKEN ÜBER DAS GRATIN.

ZUTATEN

Für den Auflauf:

350 g Äpfel, säuerlich
25 g Rapsöl
70 g Dinkelvollkornmehl
45 g Erythrit
1 Ei, Größe L
110 g Milch

Außerdem:

15 g Mandeln, gehobelt

ZUBEREITUNG

1 Heize den Ofen auf 170 °C Ober- und Unterhitze vor.

2 Entkerne die Äpfel und schneide sie in mundgerechte Stücke. Verrühre das Öl mit dem Mehl, dem Erythrit, den Eiern und der Milch.

3 Lege die Äpfel in eine Auflaufform (20 x 15 cm) und gieße die Eimasse darauf. Backe den Auflauf 45 Minuten. Streue 15 Minuten vor dem Backende die gehobelten Mandeln gleichmäßig auf den Apfel-Gratin.

PORTIONEN
4

ZUBEREITUNGSZEIT
15 MIN.

PASSIVE ZEIT
–

BACKZEIT
40 MIN.

NÄHRWERTE PRO PORTION

Energie	Fett	Kohlenhydate	davon mehrwertige Alkohole	davon Zucker	Eiweiß
193 kcal	18,6 g	13,1 g	10,0 g	2,8 g	3,4 g

ZITRONEN-BUTTERMILCH DESSERT

ZUTATEN

Für das Mousse:

150 g Buttermilch
10 g Zitronensaft
30 g Puder-Erythrit
2 Blatt Gelatine
200 g Sahne
Abrieb von einer Zitrone

Für die Füllung:

150 g Erdbeeren
Minze

ZUBEREITUNG

1 Weiche die Gelatine in kaltem Wasser ein. Schlage die Sahne auf. Mische die Buttermilch mit dem Zitronensaft und dem Puder-Erythrit. Drücke die Gelatine aus und erwärme sie zusammen mit 2 Esslöffeln Buttermilch in einem Topf auf 45 °C. Rühre das Gemisch unter die restliche Buttermilch und hebe anschließend die Sahne unter.

2 Wasche die Erdbeeren und viertle sie. Stelle 4 Dessertgläser bereit. Portioniere 5 Erdbeerviertel in ein Glas.

3 Fülle das Buttermilchmousse ein, sodass das Dessertglas zu 2/3 gefüllt ist. Stelle die Dessertgläser für drei Stunden kühl und garniere sie danach mit den restlichen Erdbeeren. Dekoriere die Desserts mit Minze.

PORTIONEN
4

ZUBEREITUNGSZEIT
35 MIN.

PASSIVE ZEIT
4 STD.

BACKZEIT
–

NÄHRWERTE PRO PORTION

Energie	Fett	Kohlenhydate	davon mehrwertige Alkohole	davon Zucker	Eiweiß
186 kcal	16,0 g	13,0 g	7,5 g	6,0 g	3,7 g

RICOTTACREME MIT KIRSCHEN

ZUTATEN

Für die Creme:

150 g Ricotta
15 g Zitronensaft
35 g Puder-Erythrit
2 Blatt Gelatine
200 g Sahne

Für die Kirschfüllung:

150 g Trauben-Direktsaft
8 g Maisstärke
150 g TK-Kirschen

ZUBEREITUNG

1 Koche den Saft für das Kirschragout mit der Maisstärke auf. Rühre die Kirschen ein und stelle die Füllung beiseite.

2 Weiche die Gelatine in kaltem Wasser ein. Schlage die Sahne mit dem Puder-Erythrit auf. Mische den Ricotta mit dem Zitronensaft. Drücke die Gelatine aus und erwärme sie zusammen mit 2 Esslöffeln Ricotta in einem Topf auf 45 °C. Rühre die Mischung unter den restlichen Ricotta. Hebe die Sahne vorsichtig unter.

3 Stelle 5 Dessertgläser bereit. Fülle zunächst einen Esslöffel Kirschen ein und fülle dann bis 1/3 unter dem Rand die Ricottacreme ein. Deckle das Dessert abermals mit Kirschen und serviere es.

PORTIONEN
5

ZUBEREITUNGSZEIT
35 MIN.

PASSIVE ZEIT
–

BACKZEIT
–

NÄHRWERTE PRO PORTION

Energie	Fett	Kohlenhydate	davon mehrwertige Alkohole	davon Zucker	Eiweiß
217 kcal	16,8 g	19,0 g	7,0 g	10,4 g	4,4 g

SCHOKOLADEN KÜCHLEIN

ZUTATEN

Für das Küchlein:

200 g dunkle Schokolade ohne Zuckerzusatz
130 g Butter
4 Eier, Größe M
100 g Erythrit
80 g Dinkelmehl Type 630

Außerdem:

Puder-Erythrit

ZUBEREITUNG

1 Heize den Ofen auf 160 °C Umluft vor.

2 Schmilz die Butter und die Schokolade vorsichtig in einem Topf. Fette 8 Coquotten ein. Schlage die Eier mit dem Erythrit schaumig und rühre dann das Butter-Gemisch unter. Rühre zum Schluss das Mehl unter und fülle die Schokoladenmasse in ofenfeste Förmchen.

3 Das Entscheidende ist das Backen! Backe die Küchlein für 12-13 Minuten (Umluft). Oder bei Ober-und Unterhitze bei 180 °C und gleicher Backzeit. Stürze sie sofort nach dem Backen aus der Form und serviere sie warm. Siebe die Küchlein nach Belieben mit Puder-Erythrit ab.

PORTIONEN
8

ZUBEREITUNGSZEIT
30 MIN.

PASSIVE ZEIT
–

BACKZEIT
12–13 MIN.

NÄHRWERTE PRO PORTION

Energie	Fett	Kohlen-hydate	davon mehr-wertige Alkohole	davon Zucker	Eiweiß
288 kcal	25,0 g	24,7 g	14,7 g	1,2 g	6,0 g

MASCARPONE TARTE

ZUTATEN

Für den Mürbeteig:

100 g Dinkelmehl Type 630
65 g Butter
30 g Erythrit

Für die Füllung:

330 g Mascarpone
65 g Buttermilch
65 g Erythrit
2 Eier, Größe M
30 g Dinkelmehl Type 630
30 g Butter, flüssig
Abrieb von einer halben Zitrone
1 Stk. Vanilleschote,
das Mark davon
1 Prise Salz

Für das Ragout:

150 g Trauben-Direktsaft
8 g Maisstärke
150 g TK-Wildheidelbeeren

ZUBEREITUNG

1 Heize den Ofen auf 180 °C Ober- und Unterhitze vor.

2 Schneide die Butter für den Mürbeteig in Stücke und verknete sie mit den restlichen Zutaten. Lege eine 20er Springform auf dem Boden mit Backpapier aus. Verteile den Mürbeteig gleichmäßig darauf und drücke ihn leicht an. Backe den Boden 20 Minuten vor.

3 Kratze in der Zwischenzeit die Vanilleschote aus. Verrühre die Mascarpone mit der Buttermilch, dem Erythrit, den Eiern, dem Zitronenabrieb und dem Mark der Vanilleschote. Füge das gesiebte Mehl hinzu und zum Schluss die flüssige Butter. Fülle die Masse in die Springform und backe sie für 40 Minuten. Am besten schmeckt die Mascarpone Tarte, wenn du sie über Nacht im Kühlschrank verweilen lässt.

4 Koche den Traubensaft mit der Stärke unter Rühren auf.
Füge die Wildheidelbeeren hinzu und reiche das Ragout zur Tarte.

PORTIONEN
8

ZUBEREITUNGSZEIT
30 MIN.

PASSIVE ZEIT
12 STD.

BACKZEIT
60 MIN.

NÄHRWERTE PRO PORTION

Energie	Fett	Kohlenhydate	davon mehrwertige Alkohole	davon Zucker	Eiweiß
315 kcal	28,4 g	21,9 g	11,9 g	6,8 g	4,6 g

QUARKAUFLAUF

ZUTATEN

Für die Quarkmasse:

250 g Magerquark
2 Eier, Größe M
60 g Puder-Erythrit
25 g Maisstärke
125 g Himbeeren
1 Prise Salz

ZUBEREITUNG

1 Heize den Ofen auf 200 °C Ober- und Unterhitze vor.

2 Trenne die Eier und verrühre das Eigelb mit dem Quark, dem Puder-Erythrit und der Maisstärke. Schlage das Eiweiß mit einer Prise Salz zu Eischnee. Hebe den Eischnee mit den Himbeeren vorsichtig unter die Quarkmasse.

3 Fülle die Quarkmasse in eine Auflaufform (20 x 15 cm) und backe sie für 35 Minuten.

PORTIONEN
2

ZUBEREITUNGSZEIT
20 MIN.

PASSIVE ZEIT
–

BACKZEIT
35 MIN.

NÄHRWERTE PRO 100 G

Energie	Fett	Kohlen-hydrate	davon mehr-wertige Alkohole	davon Zucker	Eiweiß
82 kcal	2,2 g	19,4 g	10,7 g	3,0 g	6,9 g

PFANNKUCHEN SUSHI

TIPP: WENN DU ES BESONDERS SCHOKOLADIG MAGST, KANNST DU DAS SUSHI IN DIE SCHOKOLADENSOSSE VON SEITE 134 TAUCHEN.

ZUTATEN

Für den Teig:

25 g Zartbitter-Schokolade ohne Zuckerzusatz
160 g Milch
2 Eier, Größe M
15 g Erythrit
75 g Dinkelmehl Type 630
8 g Kakaopulver, schwach entölt

Außerdem:

4 EL Dattel-Haselnuss-Creme*
4 Bananen

* Je nach Hersteller kann es zu einer anderen Konsistenz der Füllung kommen. Dann die Masse gegebenenfalls vor dem Verarbeiten kurz anfrieren.

PORTIONEN
4

ZUBEREITUNGSZEIT
35 MIN.

PASSIVE ZEIT
–

BACKZEIT
–

ZUBEREITUNG

1 Erwärme die Hälfte der Milch und löse die Schokolade darin. Verrühre die Schokoladenmilch mit der restlichen Milch.

2 Schlage die Eier mit dem Erythrit schaumig. Mische das Mehl mit dem Kakaopulver. Verrühre nun alle Zutaten miteinander. Backe die Pfannkuchen einer beschichteten Pfanne mit ein wenig Öl bei mittlerer Hitze aus.

3 Bestreiche die Pfannkuchen mit der Dattel-Haselnuss-Creme. Schäle die Bananen und rolle sie in die Pfannkuchen. Setze die Bananen Pfannkuchen mit dem Schluss nach unten auf ein Brett und schneide sie in Sushi-Häppchen.

NÄHRWERTE PRO 100 G

Energie	Fett	Kohlenhydate	davon mehrwertige Alkohole	davon Zucker	Eiweiß
151 kcal	5,4 g	23,2 g	1,8 g	12,7 g	4,2 g

REZEPTREGISTER

HINWEISE

ABKÜRZUNGEN

ca. = zirka
cm = Zentimeter
E = Eiweiß
EL = Esslöffel
F = Fett
g = Gramm
kcal = Kilokalorien
KH = Kohlenhydrate
ml = Milliliter
TK = Tiefkühlprodukt
TL = Teelöffel

BACKOFENTEMPERATUREN

Die Backzeiten können je nach Gerät variieren. Die Temperaturangaben in den Rezepten beziehen sich auf das Backen im Elektroherd und können bei Gasherden abweichen. Details entnimmst du bitte ihrer Gebrauchsanweisung.

DISCLAIMER

Die Empfehlungen in diesem Buch ersetzen keinen ärztlichen Rat. Bei allen gesundheitlichen Fragen und vor allem dort, wo Diagnose und medizinische Behandlung erforderlich sein könnte, sollte ein:e Ärzt:in konsultiert werden.

HAFTUNGSAUSSCHLUSS

Die Inhalte dieses Buchs wurden vom Herausgeber bzw. Verlag sorgfältig erwogen und geprüft. Dennoch kann eine Garantie nicht übernommen werden. Die Haftung des Herausgebers bzw. Verlags für Personen-, Sach- und Vermögensschäden ist ausgeschlossen.

FACHBEGRIFFE

MELIEREN

Das Unterheben oder Unterziehen von Zutaten unter eine Masse.
Vor allem wird damit das vorsichtige Unterheben von Mehlstoffen unter eine aufgeschlagene Eimasse bezeichnet.

DRESSIEREN

Das Aufspritzen von Massen mittels Spritzbeutel und Tüllen.
Zum Beispiel das Aufdressieren von Sahne-Rosetten auf einer Torte.

GARNIEREN

Das Fertigstellen oder Ausschmücken von Gebäcken.

SPRITZBEUTEL

Ist ein konischer Dressierbeutel oder auch eine Spritztüte aus Kunststoff, dichtem Gewebe oder Papier mit einer Spritztülle am unteren Ende.
Diese Spritztülle kann stern- oder lochförmig sein.

DANKSAGUNG

Zuallererst möchte mich bei den Menschen bedanken, die mich dabei unterstützt haben, dieses Backbuch in die Tat umzusetzen: Danke an KoRo, insbesondere an das Verlagsteam mit Jan, Lara, Denise, Hannah und Lena. Die Zusammenarbeit mit euch war sehr professionell und hat mir wahnsinnig viel Spaß gemacht!

Und selbstverständlich geht der Dank auch an alle meine liebsten Mitmenschen, die mich auf meinem Lebensweg unterstützen und mir die Kraft gegeben haben, mich diesem Buch und vielen weiteren Projekten widmen zu können.

Danken möchte ich natürlich auch meiner großartigen Zuckerfrei-Community, – denn ihr motiviert und inspiriert mich tagtäglich dazu, über mich hinauszuwachsen.

Ein großes Dankeschön auch an dich, den Leser dieses Buches. Ich freue mich sehr, dich auf deinem Weg in ein zuckerreduziertes Leben begleiten zu dürfen.

Deine

MEHR VON

KORO

EAT IN BALANCE VON LAURA SCHULTE

„Balance is key“ – davon ist die Ernährungsberaterin und Fitnessbloggerin Laura Schulte überzeugt! Aber wie sieht eine ausgewogene Ernährung überhaupt aus? Was darf auf einer gesunden Einkaufsliste nicht fehlen? Und was sind die leckersten Rezepte für vollwertigen Genuss?

Ob saftige Schoko-Brownies, herzhafte Burger oder bunte Bowls – mit Lauras Lieblings-Rezepten ist eine ausbalancierte Ernährung unkompliziert und lecker. Neben 96 schmackhaften und gesunden Gerichten teilt Laura geballtes Ernährungswissen und wertvolle Tipps mit dir, auf deinem Weg zu einem besseren Körpergefühl.

Erhältlich ist das Buch im KoRo-Onlineshop, bei Amazon und in Deiner nächsten Buchhandlung per Bestellung.

LAURA SCHULTE
EAT IN BALANCE

264 SEITEN, HARDCOVER
ISBN: 978-3-949699-02-3

WWW.KORODROGERIE.DE